감사 나눔
교육으로
행복을 찾다

감사 나눔
교육으로
행복을 찾다

초판 1쇄 인쇄 _ 2019년 10월 10일
초판 1쇄 발행 _ 2019년 10월 15일

지은이 _ 성금자

펴낸곳 _ 바이북스
펴낸이 _ 윤옥초
책임 편집 _ 김태윤
책임 디자인 _ 이민영

ISBN _ 979-11-5877-126-3 03370

등록 _ 2005. 7. 12 | 제 313-2005-000148호

서울시 영등포구 선유로49길 23 아이에스비즈타워2차 1005호
편집 02)333-0812 | **마케팅** 02)333-9918 | **팩스** 02)333-9960
이메일 postmaster@bybooks.co.kr
홈페이지 www.bybooks.co.kr

책값은 뒤표지에 있습니다.
책으로 아름다운 세상을 만듭니다. — 바이북스

41년 경력의 교장선생님이
감사와 코칭으로 실천한 기록

감사 나눔
교육으로
행복을 찾다

성금자 지음

바이북스
ByBooks

교장으로 학교를 운영하면서 한 가지 생각을 늘 마음속에 품고 지냈다.

'어떻게 하면 우리 아이들이 바른 인성으로 행복하게 살아갈 수 있을까?'

생각을 실천에 옮기고자 다양한 인성교육 프로그램을 운영했다. 그과정에서 좀 더 새롭고 효과적인 프로그램이 없을까 고민하게 되었다.

고민하며 지내던 어느 날, '감사'라는 것을 만나게 되었다. '감사'를 처음 만났을 때 가슴이 쿵쿵 뛰었던 그 감격을 결코 잊을 수가 없다. '아하, 이거구나!' 하는 생각이 머리를 번쩍 스쳐갔다. 내가 처음 '감사'를 만난 그날 , 그때는 미처 몰랐다. 그로 인해 이렇게 수많은 다른 사람들의 마음에 행복의 씨가 뿌려지리라는 것을 말이다 .

4년 전이다. 그날 나는 한국코치협회의 월례회에서 어느 박사님의 강의를 듣고 있었다. 그 박사님은 초등학교 5학년 때부터 부모님의 영향으로 감사하는 마음을 갖게 되었고, 그 마음 덕분에 지금까지 행복하게 살고 있다고 말했다. 바로 그 순간 '감사'가 내 앞에 불쑥 나타났다.

'우리 학교 학생들에게도 감사 교육을 해서 장차 행복한 삶을 살아가도록 해야겠구나!'

내 가슴은 감사 교육에 대한 꿈으로 부풀어 올랐다. 그리고 그날 저녁 집에 돌아오자마자 감사 관련 자료를 부지런히 찾았다. 새벽 2시까지 찾다 보니 인성교육에 좋은 효과가 있을 것이라는 확신을 갖게 되었다.

나는 그 확신을 학교의 선생님들과 나누었다. 협의 끝에 모두의 공감대를 이끌어냈다. 공감대를 이룬 뒤 학교의 교육과정에 감사 나눔 교육을 특색사업으로 선정해서 운영하게 되었다. 이것이 나와 감사의 인연이다.

교장으로 8년 동안 근무하면서 가장 보람 있었던 것은 자양초등학교에서 4년 동안 감사 나눔 교육을 운영한 것이다. 학교 특색 사업으로 실천한 감사 나눔 교육은 아이들에게 많은 변화를 가져왔다. 아이들은 감사 나눔 교육을 받으면서 아주 작은 일에도 감사할 줄 알게 되었다. 감사가 쌓이자 생각은 긍정적으로 바뀌고, 언어는 순화되었다. 친구에게 감사한 것이 무엇인지를 찾아 표현해 주면서 친구관계도 좋아졌다. 친구관계가 좋아지다 보니 자연히 학교폭력 예방에도 도움이 되었다.

글쓰기 실력이 향상된 학생들도 늘어났다. 감사 노트를 쓴 덕분이다. 감사 나눔 축제 기간에 감사 노트를 전시하기도 했는데, 그때 학생들의 글을 읽으며 글의 수준이 부쩍 향상된 것을 발견하게 되었다. 감사 나눔 교육을 받은 아이들에게는 좋은 습관도 여럿 생겼다. 타인 배려하기, 주변 사람들에게 감사 표현하기 등등. 어릴 때 좋은 습관을 들인 아이들은 공감하고 소통할 줄 아는 멋진 어른으로 성장할 것이라고 믿는다.

학생들만 하던 감사 노트 쓰기에 학부모들도 동참하게 되었다. 아이들의 인성교육은 학교에서뿐 아니라 가정에서도 함께해야 효과가 높아진다. 아이들은 부모의 행동을 보고 배우기에 부모의 실천이 미치는 영향은 매우 크다. 학부모들이 감사 노트 쓰기에 참여하게 된 것은 이러한 취지에서였다.

학부모들도 감사 노트를 쓰면서 변화를 일으켰다. 가장 주요한 변화는 아이들을 감사와 긍정의 시선으로 바라보게 된 점이다. 학부모들은 자녀에게 하고 싶은 이야기를 감사 노트에 썼다. 그 감사 노트로 아이와 소통하면서 관계가 많이 좋아졌다. 특히 아버지가 적극적으로 감사 노트로 소통한 가정에 더 많은 변화가 찾아왔다. 그 가정에는 더 많은 행복이 깃들었다.

학교 행사를 예전과 달리 긍정과 감사의 눈으로 바라보게 된 것도 빼놓을 수 없는 변화다. 감사 노트를 쓴 학부모들은 학교 행사에 참여했을 때 감사의 표현을 아낌없이 해주었다.

나는 감사 교육의 가치가 매우 높다고 자신 있게 말할 수 있다. 이 책은 그 자신감의 기록이다. 나는 41년 동안 학교 현장에서 오로지 아이들의 교육에만 전념하며 살았다. 아이들의 행복한 학교생활을 위해 노력했다. 그 형형색색의 사례를 이 책에 고스란히 담았다. 물론 목적은 감사. 학교나 가정에서 감사 나눔 교육이 왜 필요한지, 감사 나눔 교육을 어떻게 운영해 왔는지, 어떤 좋은 효과와 변화가 있는지를 기록했다. 내가 쓴 글이 행복을 고민하는 사람들에게 조금이나마 도움이 되기를 꿈꾼다. 특히 학생들을 교육하는 교육기관에서 근무하는 분들과 학부모님들께 힘이 되기를 바란다.

이 책을 쓰기까지 용기와 자신감을 심어준 이은대 작가님께 진심으로 감사드린다. 책을 쓸 수 있도록 동기부여를 해준 한만정 교장님, 이순희 교수님께도 감사를 전한다. 늘 옆에서 응원하고 지지해준 이효숙 선생님도 빠트릴 수 없다. 본인들의 경험담을 활용할 수 있도록 허락해준 여러 선생님들과 학부모님들께도 감사함에 머리 숙인다.

적극적으로 격려해준 남편, 함께 참고자료를 찾아주며 도와준 딸, 감사한다. 사랑한다.

이 책을 만나는 모든 이들이 '감사'로 행복한 삶을 살아가기를 간절히 기도한다.

2019년 9월

성 금 자

세상에서 가장 강한 사람은 자기를 이기는 사람이고,
가장 부유한 사람은 만족할 줄 아는 사람이며,
가장 지혜로운 사람은 배우는 사람이고,
가장 행복한 사람은 감사하며 사는 사람이다.

- 탈무드에서 -

차례

chapter 5

감사 나눔으로 세상을 바꾸다

chapter 6

감사 나눔 실천 사례

1

감사 나눔을
만나다

01

감사 나눔을 만나다

교직생활 20년째 되던 해였다. 6학년이 된 그 아이들을 만났다. 나를 무척이나 힘들게 했던, 그래서 가장 기억에 남는 아이들. 녀석들은 지금 어디에서 무엇을 하고 있을까? 참으로 궁금하고, 보고 싶다.

대부분 한 해마다 반 편성을 새로 하기 마련이다. 그런데 당시 내가 몸담고 있던 00초등학교에서는 3년 동안 반 편성을 바꾸지 않았다. 즉 나는 4학년부터 2년을 함께 지내다 6학년이 된 아이들을 맡은 것이다. 3년을 함께한 아이들은 서로를 너무나 잘 알고 있었고, 끼리끼리 집단도 형성하고 있었다. 아이들에게는 오직 나만 낯선 사람이었다.

새 학년 새 학기가 시작하고 일주일이 지났을 때, 5학년 때 담임 선생님이 우리 교실로 올라왔다. 그러고는 몹시 근심스러운 표정으로 내게 말했다.

"병나지 않게 건강 조심하세요."

자세히 들어보니, 4학년 때 담임선생님도 병이 났었고, 5학년 담임이었던 본인도 병이 나서 휴직을 했었다고 한다. 그 말을 듣고 속으로는 '뭐가 그리 힘들었을까?' 생각했는데, 2주일이 지나면서 고개를 끄덕이게 되었다. 6학년임에도 불구하고 수업 시간에 멋대로 돌아다니는 아이, 쉬는 시간이면 하루가 멀다 하고 다른 반 친구와 싸워서 코피가 터지는 아이, 공부시간에 짝이랑 싸우고 책가방을 싸서 가는 아이, 책을 크게 읽으면 좋겠다고 이야기하면 씩씩거리면서 책상에 책을 내던지는 아이……. 20년 교직생활 동안 전혀 볼 수 없었던 아이들의 행동이 잇달아 나타났다. 20년 동안 고학년을 여러 번 맡아 보았지만 이렇게 어려웠던 적은 처음이었다. 아이들도 원망해보고 학부모도 원망해보고, 무능력한 나 자신도 원망하면서 하루하루를 보냈다.

하지만 속수무책으로 가만히 있을 수만은 없었다. 어떻게 하면 아이들의 잠재능력을 찾아주고, 학습에 즐겁게 참여하게 만들 수 있을까? 자나깨나 대안을 고민하고 또 고민했다. 당시 종교가 없던 나였지만 아이들을 생각하면 나도 모르게 절로 기도가 나왔다.

"우리 반 아이들이 바른 인성으로 성장할 수 있도록 해주세요."

"오늘 하루도 별 사건 없이 무사히 지나가도록 해주세요."

믿지도 않는 하나님에게 진심으로, 뜨거운 가슴으로 기도를 드렸다.

열띤 고민 끝에 얻은 답은 개인 상담이었다. 수업을 마친 뒤 아이들 한 명 한 명과 오래, 그리고 깊이 이야기를 나누었다. 그러자 아이들의 마음을 한결 잘 읽어낼 수 있었다. 특히 최고의 말썽꾸러기였던 그 아이의 마음도 들여다볼 수 있었다.

그 아이는 수업시간에 자리에 앉아 있지 않고 마음대로 돌아다녔다. 부모님도, 할머니도 아이를 어떻게 지도해야 할지 몰라 막막해하던 상황이었다. 나는 아이의 생활태도를 눈여겨보면서 집중적으로 아이에게 관심을 가졌다. 쉬는 시간마다 대화를 시도했고, 간식도 챙겨주었다. 발가락이 다 나온 낡은 실내화를 신고 다니는 것을 보고는 친구들에게 치수를 물어서 새것으로 사주기도 했다. 그렇게 관심을 기울이자 아이도 선생님의 따뜻한 사랑을 느꼈는지 차츰차츰 나에게 다가오기 시작했다. 가장 주동적으로 수업 분위기를 흐렸던 그 아이가 수업에 잘 참여하는 모습을 보였다. '주동자'의 변화에 주변 아이들도 자연스럽게 변화가 이루어졌다.

시간이 흘러 중학교 원서를 쓸 무렵 그 아이의 할머니가 찾아와 나에게 말했다.

"어떻게 우리 아이가 이렇게 많이 달라졌나요? 선생님, 정말 감사합니다."

할머니는 아이의 생활태도가 변한 것을 나의 공으로 돌렸다.

6학년에서 가장 주먹이 세기로 유명한 아이가 있었다. 그 아이는 쉬는 시간마다 친구들의 코피를 터트렸다. 나는 그 주먹대장에게 나중에 자라서 훌륭한 지도자가 될 것이라고 이야기해주었다. 다만 그

강한 주먹을 싸움에 쓰지 않고 리더로서의 카리스마를 발휘하는 데 써야 한다고 단단히 일러주었다. 선생님의 말이 허풍이 아니라는 것을 가르쳐주기 위해 일부러 내가 없을 때 학급의 지도자 역할을 맡겨보았다. 주먹대장은 리더 역할을 제법 잘해냈다. 나는 그 '잘함'을 인정하고 칭찬했다. 그러자 친구들도 주먹대장을 신뢰하기 시작했다. 자연스럽게 쉬는 시간마다 벌이던 싸움이 사라지게 되었다.

아이들과 수없이 상담하고 소통하며 지내다 보니 어느새 한 학기가 훌쩍 지나갔다. 한 학기 동안 아이들에게 신경을 많이 쏟다 보니 솔직히 정신적으로도, 육체적으로도 심한 피곤을 느꼈다. 하지만 2학기를 맞이하면서 그 피곤은 보람으로 다가왔다. 아이들이 몰라보게 달라진 것이다. 일단 수업 중 싸움이 없어졌다. 즐겁고 적극적으로 수업에 참여하는 아이들이 많아졌다. 무엇보다 가장 중요한 변화는 아이들이 서로 소통하고 감정을 공유하게 된 것이다. 그렇게 아이들의 마음이 따뜻해진 것이다.

변화된 1년을 보낸 아이들이 졸업하는 날이 찾아왔다. 1년 동안 가장 말썽을 피웠던 두 아이가 그동안의 잘못을 모두 뉘우치면서 눈물을 흘렸다. 두 아이의 눈물로 졸업식날 교실은 온통 눈물바다가 되었다. 아이들은 떠나면서 내게 커다란 선물을 안겼다. 교직생활 20년 중 가장 힘들었지만 가장 보람 있는 한 해를 선물한 것이다.

초등학교 교육은 전인교육이다. 바른 인성교육이 기본이다. 하지만 그 당시에는 우리의 초등 교육은 주로 학력 신장에 중점을 두고 성적 올리기에 많은 에너지를 쏟았다. 그러면서 많은 것을 놓치고 있었다. 나 역시 마찬가지였다. 그 시절 나의 6학년 '말썽꾸러기'들에게 인성교육 프로그램으로 감사 교육을 했다면 어땠을까? 감사 교육을 미리 알았다면 나 역시도 좀 더 감사한 마음으로 무장했을 것이다. 내 자신이 그토록 깊이 상처받지 않았을 것이고, 아이들도 보다 밝게 학교생활을 할 수 있었을 것이다. 그때 우리 반 친구들은 서로서로에게 감사하기보다는 공격과 비난을 일삼았다. 서로를 못마땅하게 여기며 불만을 품었다. 갈등이 생기면 친구를 이해하기보다는 자기변명만 늘어놓았다. 서로에게 감사할 거리를 찾아보고 좋은 점을 찾아주는 노력을 했다면 훨씬 사이좋게 지낼 수 있었을 텐데…….

물론 우리나라 공교육이 그 당시 인성교육을 등한시하는 것은 아니다. 학교폭력이 심각한 사회문제로 종종 떠오르면서 인성교육은 더욱 강조되고 있다. 특히 2015년 7월에 '인성교육진흥법'이 제정되면서 교육청은 각 학교에 인성교육을 추진하도록 독려하기도 했다. 그에 따라 각 학교에서는 다양한 인성교육 계획을 세워서 실시하고 있다.

내가 재직한 학교에서도 다양한 인성교육을 실시했다. 그러나 나는 뭔가 부족하다는 느낌을 늘 지울 수 없었다. 좀 더 효과적이고 확실한 인성교육 프로그램이 있으면 좋겠다는 생각에 사로잡혀 있었다. 그러던 중에 한국코치협회에서 매월 실시하는 월례회에 참석하게 되었고, 그날 강의에서 어느 박사를 만나게 되었다. 그 박사는 초등학교 5학년 때부터 어머니에게 감사 교육을 받으면서 감사가 삶에 배었다고 했다. 감사한 마음으로 모든 것을 실천하다 보니 꿈이 이루어졌다고 했다. 사실 그날 그 박사 강의 주제는 '감사'가 아니었다. 강의 내용 중 일부에 불과했다. 그런데 그 작은 '일부'가 내게 '전부'로 다가왔다.

'어릴 때부터 감사 교육을 하면 아이들이 어른이 되어서도 행복한 삶을 살 수 있을 거야!'

나는 이런 생각을 하며 '감사'에 눈을 떴다.

강의를 듣고 집에 돌아온 나는 새벽 2시까지 감사와 씨름했다. 인터넷으로 감사 관련 자료를 찾았다. 감사 공부를 한 것이다. 자료를 찾은 결과 감사 나눔 교육을 학교 교육 과정에 녹아들게 해서 운영하고 있는 학교들이 여럿 있었다. 나는 감사 나눔 교육의 장점에 대한 내용을 읽어본 뒤 그와 관련된 자료를 복사했다. 그리고 다음 날 학교에 가서 부장 선생님들과 먼저 상의를 했다. 다행히 부장 선생님들 모두 긍정적인 반응을 보였다. 부장 선생님들은 좋은 프로그램이라고 하면서 감사 나눔을 인성교육 프로그램에 넣기로 결정했다.

그 후 감사 나눔 신문사에서 주최하는 감사 포럼에 참석하게 되었다. 그 포럼에서 굴지의 철강기업 포스코의 이야기를 들을 수 있었다. 포스코가 회사 내에서 감사 나눔 캠페인을 실시했는데, 획기적인 변화를 이끌어냈다고 했다. 또한 포항의 지곡초등학교가 포스코의 사례를 이어받아 감사 나눔을 통한 인성교육을 실시하게 되었다고 했다. 학교로 돌아온 나는 이 사실을 공유하고, 학교의 교육과정 위원회 위원들을 중심으로 포스코 및 지곡초등학교를 탐방하기 위한 위원회를 꾸렸다. 얼마 후 우리 위원회는 포항으로 1박 2일 워크숍을 떠났다. 그리고 지곡초등학교에서 교장, 교감 선생님으로부터 감사 나눔 교육 방법에 대해 친절한 설명을 들을 수 있었다. 또한 여러 가지 자료와 정보도 얻었다.

그 귀한 보물들을 학교 선생님들과 공유했다. 이어서 어떻게 우리 학교 실정에 맞게 감사 나눔 교육을 진행할 것인가에 대해서 1차 협의를 나누었다. 교육 공동체인 학생, 교사, 학부모를 대상으로 설문 조사를 시행하고, 교사 및 학부모 연수도 실시했다. 이러한 과정을 거치다 보니 교육 공동체 모두 감사 나눔 교육에 대해서 자연스럽게 공감하게 되었다. 교육 공동체의 공감대를 이끌어낸 덕분에 드디어 감사 나눔 교육을 자양초등학교 특색 교육 사업으로 선정할 수 있었다.

02

아이들의 후회 없는
삶을 위하여

'감사가 무엇인가요?'라고 묻는다면, 행복을 가져다주는 소중한 선물이라 과감하게 답하고 싶다. 스스로 몇 년 동안 매일매일 감사 일기를 쓰면서 마음속에 평화와 행복을 지니게 되었다. 지금껏 감사 표현을 자주 안 하고 무관심하게 지나보낸 날들이 정말 후회스러웠다.

감사 일기를 쓰면서 많은 사람이 그리웠다. 그 중에서도 제일 생각나는 사람은 바로 어머니였다. 나이가 많아도 어머니한테 나는 항상 응석받이에 철부지 아이다. 세상 모든 어머니들이 다 그러하겠지만, 우리 어머니는 자식에 대한 사랑이 정말 지극정성이었다. 나는 감사 일기를 쓰면서 번번이 어머니와의 옛 추억을 더듬었다. 글을 쓰는 동안이라도 어머니의 넓은 가슴에 묻혀서 따뜻한 온기를 느끼고 싶었다.

어머니와의 추억 몇 조각을 여기에 적는다. 나는 집에서 기차를 타고 40분 거리에 있는 고등학교에 다니게 되었다. 학교가 좀 멀어서 자취 생활을 했다. 어머니는 객지에서 공부하는 나를 굉장히 안쓰러워했다. 자식들 중에 타지에서 공부하는 아이는 나밖에 없어서 더 그랬을 것이다. 우리 형제는 7남매다. 어머니는 자식들을 공부시키기 위해 온 힘을 다해 노력하셨다. 오로지 자식 공부시키고 뒷바라지하는 것이 어머니의 삶이었다.

주말에 집에 오면 어머니는 어김없이 맛있는 반찬으로 나를 맞이했다. 자취방으로 돌아갈 시간이 되면 아버지 몰래 쌈짓돈을 꼬박꼬박 쥐어주었다. 아버지가 주는 용돈보다 적은 돈이었지만 내게는 큰돈으로 느껴졌다. 그런데 나는 어머니에게 고맙다는 말을 제대로 한 적이 없는 것 같다. 정말 감사했을 텐데 왜 그랬는지 그 이유를 잘 모르겠다.

가장 기억에 남는, 가슴 아픈 추억이 있다. 여섯 살 때 어머니와 시장에 갔을 때의 일이다. 걸어서 거의 1시간 걸리는 곳에 시장이 있었다. 옛날에는 오일장이 서기 때문에 5일에 한 번 장을 보러 가야 했다. 장터에 가면 온갖 물건이 많아서 여기저기 돌아보느라고 정신이 없었다. 그날도 여느 때처럼 정신없이 돌아다니다가 어머니를 잃어버렸다. 정말이지 하늘이 노랬다. 어머니를 잃어버렸다는 두려움에 두 다리에 힘이 빠지고, 가슴은 쪼그라들고, 금방이라도 시장바닥에 쓰러질 듯 불안함이 온몸을 휩쓸었다.

얼마나 어머니를 찾아다녔는지 모른다. 몇 시간을 헤맸을까? 기진맥진해진 나를 어떤 아저씨가 끌고 어머니에게 데리고 갔다. 어머니를 보는 순간 기쁨과 안도의 마음에 닭똥 같은 눈물이 하염없이 흘러

내렸다. 어머니를 붙들고 어머니 품에 안겨서 한참을 떨어지지 못했다. 그 기억이 지금도 생생하다. 나중에서야 어머니도 나를 찾으려고 시장을 헤매다 넘어져서 많이 다쳤다는 사실을 알게 되었다.

어려서는 철이 없어 당연한 줄로 여겨 소중함을 몰랐던 어머니. 그 고마운 어머니에게 감사를 제대로 표현하지 못하고 지나온 세월이 참으로 아쉽다. 무엇이 그렇게 어려워서 감사하다는 말을 표현하지 못했을까? 감사를 꼭 겉으로 표현하지 않아도 어머니는 다 알 것이라 생각했던 것 같다. 정말 짧은 생각이었다.

2004년 교감 발령을 받고 근무하던 중 어버이날에 어머니가 돌아가셨다. 어버이날마다 어머니 생각에 가슴이 아프다. 15년이 넘은 지금도 아픔은 줄지 않는다. 부모를 향한 마음은 나이가 들어도 가슴에 남는가 보다.

나는 어버이날이면 어김없이 빨간 카네이션과 선물을 들고 어머니를 만나러 갔었다. 그해 어버이날도 평소와 다름없이 빨간 카네이션과 선물을 준비해 어머니를 찾아갔다. 그런데 이게 웬일인가? 어머니가 날 알아보지 못했다. 의식도 없을뿐더러 숨도 제대로 쉬지 못했다. 나는 누워 있는 어머니 가슴에 빨간 카네이션을 올려놓고, 어머니 얼굴을 내려다보았다. 두 줄기 눈물이 폭포수처럼 쏟아졌다. 지금도 그날의 어머니를 생각하면 눈물이 마구 솟구친다.

며칠은 넘길 수 있지만 오래 살기는 힘들다고 했다. 오빠는 내게 서울로 올라가서 짐을 챙겨 다시 오라고 했다. 아이들 학교 문제도 있고 여러 가지 정리할 것이 많아 저녁 무렵 하릴없이 서울로 발길을 돌렸다. 그런데 다음 날 다시 내려갔을 때 어머니를 만날 수 없었다. 어제 밤늦게 돌아가셨다는 것이다. '이럴 줄 알았으면 그냥 밤새 어머니 곁에 있을걸. 그랬으면 임종을 지킬 수 있었을 텐데……' 후회가 한없이 밀려왔다. 카네이션을 가슴에 달아드리지 못하고, 가슴에 올려놓아야만 했던 현실을 받아들이기 힘들었다.

지금도 여전히 어버이날이면 어머니 가슴에 올려놓았던 마지막 카네이션이 떠오른다. 부모님에게 감사 편지를 드리고 카네이션을 달아드리는 아이들이 부럽기도 하다. 어머니가 있다는 것은 참으로 감사한 일이다.

> "고마워하라, 감사하는 태도를 연마하라, 고마움은 주어진 환경보다 자신의 태도에 의해 좌우된다. 가지지 못한 것에 대해 아쉬운 마음이 들 때마다 지금 가지고 있는 것에 감사하라."
>
> – 짐 스티븐즈

이 문장을 읽으면 평소 나에게 주어진 삶에 얼마나 감사하며 살았는지 생각해보게 된다. 현재 가진 것보다 무언가를 더 원하고 욕심을 부리며 살지 않았는지 반성도 해본다. 또한 지금 가지고 있는 작은 것에 대하여 감사하는, 소박한 마음을 가져야겠다는 다짐도 해본다.

사소하고 작은 감사가 모여 큰 감사가 된다고 했다. 사소하고 작은 것에 감사를 표현하며 살 때 행복이 다가온다고 했다. 그런데 이를 잊고 사는 사람이 참 많다. 나도 예외는 아니다. 학교생활만 되돌아봐

감사 나눔을 만나다

도 감사를 잠깐 속으로만 생각하고 지나친 경우가 많았음을 인정하지 않을 수 없다. 이 당당한 인정은 내 가슴에 소망이 피어나게 했다.

'내가 가르친 학생들은 나처럼 감사 표현을 하지 못해서 후회하는 삶을 살지 않았으면 좋겠어.'

바로 그 소망이 내게 감사 교육에 대한 의욕을 불어넣은 것이다.

학교에서 꼽는 인성 덕목에는 여러 가지가 있다. 정직, 배려, 협동, 봉사, 친절, 감사……. 실제로 많은 학교들이 이 덕목들과 관련한 인성교육 프로그램을 실시한다. 그런데 적어도 나의 경우에는 각종 프로그램으로 인성교육을 해본 결과, 감사 일기를 쓰면서 일상생활과 병행하는 감사 교육이 가장 알찬 효과를 거둔 것으로 여겨진다. 나는 아이들에게 '하루 1감사 쓰기', '하루 5감사 쓰기' 등을 주문하며 감사 교육을 했다. 그러자 많은 아이들의 생활태도가 긍정적으로 바뀌었다.

한 예로, 아침 등교 시간에 작은 칭찬을 해주면, 그 아이는 "감사합니다." 하고 밝게 웃으면서 답례했다. 복도에서 마주칠 때도 "감사합니다." 하며 인사하는 일들이 많아지면서 학교 분위기가 굉장히 밝아졌다. 아이들은 수업 시간에 친구에게 작은 도움 하나라도 받으면 스스럼없이 감사를 표현했다. 감사가 습관화된 것이다. 아울러 학부모들도 아이들이나 선생님들에게 감사 표현을 하게 되었다. 시간이 더 흐르자 학교의 교육 공동체 모두에게 감사 인사가 일상화 되었다.

그렇다면 왜 다른 덕목들에 비해 '감사'라는 덕목이 교육 효과가 큰 것일까? 내게 정확한 분석 능력은 없지만, 아무래도 감사는 더 직접적으로 몸과 마음에 다가오는 느낌이 짙어서가 아닐까 싶다. 말 그 대로 피부로 느껴진다고나 할까?

요즘 많은 학교들이 학교폭력으로 신경을 쓰고 있다. 어제오늘의 문제가 아니다. 지금 이 순간에도 학교폭력이 일어나고 있다. 학교폭 력 예방을 위해서는 학교는 물론 가정, 개인, 사회 모두가 온화하고 따뜻한 분위기를 조성하는 것이 중요하다. 그 분위기 조성을 위해 감 사 교육이 절실하다고 생각한다. 감사하면 행복해진다는 사실을 모 두가 공감하고 느꼈으면 좋겠다.

감사를 실험한 많은 사람들이, 감사가 한 사람의 인생을 바꾸어 놓 을 만큼 정신적으로나 육체적으로나 영향이 매우 크다는 사실을 입증 해냈다. 나는 위대한 연구가는 아니지만 학교 현장에서 5년 동안 감 사 교육을 한 끝에 결론을 얻을 수 있었다. 결국 '감사'로 바른 인성 과 긍정적인 태도 등 많은 변화를 이끌어낼 수 있었다.

감사는 행복을 물고 오는 마법의 씨앗이다. 우리의 꿈도 실현시킬 수 있는 희망의 씨앗이다. 그 귀한 씨앗을 우리 모두의 손에 조심스 럽게 올려놓고 싶다. 그 씨앗이 꽃을 피워 모두가 행복한 삶을 산다 면 얼마나 좋을까?

아이들의 행복을 위해 감사 교육은 꼭 필요하다고 생각한다.

03

감사 나눔 교육은
기회이자 행운

특색사업교육으로 선정된 감사 교육을 어떻게 실시할 것인가.

감사 교육을 실시하려면 우선 모든 선생님들이 감사 교육의 필요성에 대해 공감대를 형성해야 했다. 이를 위해 인터넷을 통해 찾은 감사 나눔 교육 강사를 초빙하고, 포항 지곡초등학교에서 감사 나눔 교육을 직접 운영했던 교장선생님을 모셔 연수를 부탁했다. 그 결과 모든 선생님들이 인성교육 프로그램으로 감사 교육이 절실하게 필요하다는 것에 공감했다.

교육은 학생, 교사, 학부모가 삼위일체를 이룰 때 훨씬 높은 효과를 얻을 수 있다. 따라서 학부모 교육도 실시했다. 감사 교육이 얼마나 인성교육에 필요한지 공감대를 이끌어내기 위해 노력했다. 노력은 헛되지 않았다. 학부모들도 인성교육에 감사 교육이 꼭 필요하다는 것을 인정했다. 이렇게 교육 공동체의 공감대를 이룬 끝에 감사 나눔 교육을 시작할 수 있었다.

감사 나눔 교육 방법을 구체화하기 위해 지곡초등학교의 자료를
중심으로 협의를 했다. 사립학교인 지곡초등학교는 포스코와 연계
해 지역사회와 함께 다양한 프로그램을 실시했다. 여러 가지 환경이
나 지역여건이 우리와는 많이 달랐다. 때문에 서울이라는 지역사회
에 맞는 프로그램으로 취사선택하고, 새로운 아이디어를 공모해 프
로그램을 계획해야 했다.

선생님들은 감사함을 어떻게 표현할 것인가에 대해 머리를 맞대고
연구를 했다. 처음에는 하루 수업을 마치며 친구나 선생님에게 감사
함을 말로 표현하자는 의견이 나왔다. 이어서 감사는 말로 하는 것도
의미가 있지만 노트에 한 줄이라도 쓰는 것이 효과가 있을 것이라는
의견이 대두되었다. 모두 좋은 의견이어서 두 가지 의견을 학년 수준
에 맞게 병행해서 운영하기로 결정했다. 즉, 1학년은 '말로 표현하기'
를, 다른 학년은 '말로 표현하기'와 '하루에 한 가지씩 공책에 쓰기'를
실천하기로 했다. 하루에 한 가지 감사한 것을 공책에 쓰기 위해, 즉
감사 일기를 쓰기 위해 감사 노트를 만들자는 데 모두의 의견이 일치
했다. 선생님들은 저학년과 고학년으로 나누어 감사 노트를 만들고,
전교생 모두에게 배부하기로 했다.

감사 프로그램은 학년별 감사 교육에 대한 미션을 정해 학년 나름
대로 추진해 보기로 했다. 1학년은 '감사한 마음을 말로 표현하기',
2학년은 '감사나무 키우기', 3학년은 '감사 기차 만들기', 4학년은 '감
사 릴레이', 5학년은 '감사 인생헌장 만들기', 6학년은 '100감사 쓰
기'라는 미션을 수행했다. 이 중 6학년의 '100감사 쓰기'는 부모님께

감사 환경 꾸미기
학년별, 학급별 수준에 맞게 '감사 코너'를 만들고 감사의 글을 카드에 쓰는 대로 코너에 전시했다. 이 전시물은 한달에 한 번씩 교체했다.

감사한 것 100가지를 써서 졸업식 때 드리는 미션이었다.

학교 환경을 '감사 환경'으로 조성하기 위해 '감사 환경 꾸미기'도 실시했다. 학년별, 학급별 수준에 맞게 '감사 코너'를 만든 것이다. 학생들은 감사의 글을 작은 카드에 쓰는 대로 '감사 코너'에 전시했다. 이 전시물은 한 달에 한 번씩 교체했다. 나는 꼬박꼬박 아이들의 감사 글을 읽었다. 3월에 읽었던 감사 글과 12월에 읽은 감사 글은 사뭇 달랐다. 아이들이 많이 성장하고 변화한 것을 느낄 수 있었다.

물론 모든 아이들이 처음부터 적극적으로 감사 교육 프로그램에

임한 것은 아니다. 그래서 선생님들은 아이들이 쓴 감사 글을 항상 칭찬하고 지지해주었다. 억지로 쓰게 한 것이 아니라 칭찬과 격려로 스스로 감사 글을 쓰도록 유도한 것이다. 덕분에 2학기가 되자 모든 아이들이 한 줄이라도 감사 글을 쓰게 되었다.

학교 홈페이지도 활용했다. 홈페이지에 감사 코너를 만들어 수시로 아이들이 홈페이지에 들어가서 하루 한 가지씩 생각나는 대로 감사한 일을 올리기로 했다. '학교 누리집'에는 감사 나눔 선플 달기, 감사 글쓰기 등의 공간을 만들었다. 이와 같이 홈페이지에 친구에게, 선생님께 감사 글을 쓰면서 아이들은 자연스럽게 감사한 일을 찾게 되었다. 시간이 흐르자 홈페이지는 감사한 일로 풍성해졌다.

감사 나눔 축제는 감사 교육에서 가장 빛나는 행사다. 모든 교육 공동체가 참여하는, 그야말로 감사함으로 이루어지는 아름답고 감동적인 행사다. 이 축제는 5월과 11월, 1년에 두 번 실시한다. 1학기인 5월 축제 때는 감사 일기나 감사 편지를 공유하고, 2학기인 11월 축제에는 학생, 교사, 학부모의 감사 글 모두를 전시한다. 이때 전시된 감사 글을 보면 정말 감동이 넘친다.

가족이 함께 감사 글을 쓸 때 가정에 행복이 깃들기도 한다. 감사 나눔 축제가 그것을 증명해주었다. 축제장에서 만난 학부모들, 특히 아버지들이 이런 이야기를 많이 해주었다.

"아이와 동참해서 감사 일기를 쓰니, 가족이 함께 공유할 수 있는 이야기가 많아졌어요."

공유하는 것이 많은 가정이 행복하지 않을 리가 있겠는가. 그 공유하는 것이 감사라면 더더욱 행복이 머물 수밖에 없을 것이다.

> 감사는 희망이다. 감사 나눔과 희망은 적어도 놀라운 힘을 발휘한
> 다. 과학자들이 흰 쥐를 이용해 생존 실험을 한 적이 있다. 깜깜한 방
> 안에서 물통에 빠뜨린 흰 쥐는 3분 만에 익사하고 말았지만 바늘구
> 멍 같은 틈으로 작은 빛을 들여보내 주었더니 36시간을 헤엄치며 살
> 아났다. 한 줄기 빛이 무려 700배의 차이를 만들어낸 것이다. 이 한
> 줄기 작은 빛의 이름이 바로 감사와 희망이다.
>
> ─《감사로 행복한 우리들의 이야기》 중에서

감사는 희망이라는 말에 너무나 공감이 간다. 한 줄기 작은 빛에
감사하며 그것을 따라가다 보면 희망을 갖고 살아갈 수 있다. 우리가
희망이 없을 때 얼마나 암울한가?

요즘 젊은이에게 희망이 없는 시대라고 한다. 우리의 젊은이들이
미래에 대한 희망이 없어서 포기를 많이 한다고 한다. 3포 시대에서
5포 시대, 이제는 7포 시대라고 한다. 이루어야 할 꿈이 없어서, 혹
은 꿈을 이룰 수 없어서 모든 것을 포기한다는 것 아닌가? 이 얼마나
안타까운 현실인가? 지금 우리의 젊은이들, 아니 모든 사람들에게는
희망이 필요하다. 꿈과 희망이 있을 때 삶이 즐겁고 재미가 있는 것
이다. 그 희망을 심어 줄 수 있는 마음의 안식처가 감사가 아닐까?

주어진 것에 감사하며, 긍정적으로 생각하면 하기 싫은 일도 즐
거움과 기쁨으로 할 수 있을 것이다. 일을 즐기게 되면 날마다 설레

는 마음으로 학교로, 일터로 향할 수 있을 것이다. 감사의 마음으로 일을 한다면 어려운 환경에서도 한 줄기 희망의 빛을 찾아낼 수 있을 것이다.

지금은 고인이 된 현대그룹 정주영 회장은 생전에 이런 말을 했다고 한다.

> "나는 날마다 회사를 출근할 때 소풍가는 기분으로 나갑니다. 일하러 나가는 것이 아니라 소풍가는 날처럼 즐거운 마음과 희망을 가지고 오늘 할 일을 그려 봅니다."
>
> 그러자 한 기자가 물었다. 골치 아픈 일이 잔뜩 쌓여 있는 날에도 소풍 가는 기분으로 출근할 수 있는지 말이다. 이 질문에 대한 정주영 회장의 대답은 걸작이었다. 그는 골치 아픈 일이 쌓여 있는 날에는 그 일이 해결되었을 때의 기쁨을 떠올리며 출근한다고 말했다. 즉 정주영 회장은 일이 있다는 그 자체에 감사하며 살았던 인물이었다.
>
> ─《평생감사》의 일부에서

우리에게 주어진 것이 크든 작든, 대단한 것이든 별 볼일 없는 것이든 감사하게 여긴다면 삶은 즐거워질 것이다. 희망으로 가득 찰 것이다. 나는 이러한 삶을 아이들에게 가르쳐주고 싶었다. 어렸을 때부터 긍정의 마음과 감사의 마음을 단단히 갖추면 나중에 어른이 되었을 때 자신의 일을 잘 해결해 나가며 행복을 불러오는 삶을 살 수 있으리라 믿는다.

감사 나눔을 만나다

그런 의미에서 인성교육 프로그램으로 감사 교육을 실시하게 된 것은 우리 학생들에게는 참으로 좋은 기회이자 행운이라고 생각한다. 감사 교육이 더 많은 학교로, 더 큰 사회로 퍼져나가기를 소망한다. 그리하여 모두가 행복한, 밝고 건강한 사회가 되기를 기대한다.

2

출발, 감사
나눔 교육

01

감사 노트의 진가

감사노트 겉표지

학년 수준에 맞게 진행했다. 감사 노트의 겉표지에는 '감사 노트'라는 제목을 쓰고, 안쪽 첫
장에는 '감사하는 마음의 힘'의 내용을 실었다. 그다음 장에는 '감사 노트 활용 방법'을 자세
하게 설명하고, 예시 자료를 넣어서 감사 일기를 쓰는 데 어려움이 없도록 안내했다.

전교생에게 나누어준 감사 노트는 여유 있게 제작했다. 감사 노트
한 권을 다 쓴 아이들이 다시 새것을 가져다 쓰는 데 지장이 없도록

출발, 감사 나눔 교육

하기 위해서였다. 감사 노트의 겉표지에는 '감사 노트'라는 제목을 쓰고, 안쪽 첫 장에는 '감사하는 마음의 힘'의 내용을 실었다. 그다음 장에는 '감사 노트 활용 방법'을 자세하게 설명하고, 예시 자료를 넣어서 감사 일기를 쓰는 데 어려움이 없도록 안내했다.

여기에 예시 자료를 일부 소개한다. 위쪽 줄 친 칸에는 날짜와 요일을, 아래쪽 칸에는 감사 글을 쓰도록 구성했다.

감사 일기는 학년 수준에 맞게 진행됐다. 각 학년 선생님들은 감사한 일을 찾아서 1감사 또는 5감사를 쓰도록 학생들을 지도했다. 그 지도에 힘입어 학생들은 주변에 있는 사물에 대한 감사, 자연에 대한 감사, 신체의 오감에 대한 감사, 계절에 대한 감사 등 다양한 분야에서 풍성하게 감사를 맺어 갔다. 물론 감사 열매의 대부분은 부모님, 선생님, 친구 등 주변 사람에 관한 것이었다. 특히 부모님에 대해서는, 그동안 당연하게 여겼던 것들이 모두 감사한 일이었다는 것을 깨달았다는 이야기를 많이 썼다.

학부모들은 아이들이 쓴 감사 일기를 보면서 감동을 많이 받았다고 했다. 부모가 해주는 것을 당연하게 여기지 않고 감사의 글로 표현한 것을 보면서 너무 대견하다고 했다. 감사 일기로 인해 가정이 정말 행복해졌다고 말하는 학부모들도 많았다.

사실 초기에는 많은 아이들이 감사한 일 찾기를 어려워했다. 무엇을 써야 할지 막막해하는 경우가 많았다. 평소에 무엇이 감사한지 생각해 보지 않은 탓이었다. 감사 일기를 잘 쓰도록 하기 위해 우선 주변의 여러 가지 상황과 현상을 객관적으로 볼 수 있는 눈을 키워 주

2017년 3월 2일(목)	2017년 3월 3일(금)
1. 새로운 친구들과 선생님을 만나게 해 주셔서 감사합니다. 2. 공부를 잘할 수 있도록 교과서를 만들어 주신 분께 감사드립니다.	1. 안전하게 등교할 수 있도록 도와주신 녹색어머니께 감사드립니다. 2. 오랜만에 키를 재어보았어요. 한 달 전보다 키가 많이 커서 감사합니다. 3. 연필을 빌려준 짝에게 감사합니다.

도록 노력했다. 그렇게 지도하다 보니 아이들은 사소한 것에도 관심을 갖게 되고 관찰력도 풍부해졌다. 감사한 일이 생각보다 많다는 것도 느끼게 되었다.

두 달 정도 지나서 성과가 나타나기 시작했다. 아이들의 글을 보니 기대 이상으로 감사 일기를 아주 잘 쓰고 있었다. 잘 쓴 아이들에게는 전체 조회 시간에 발표를 시키고, 작은 선물도 주면서 칭찬을 했다. 칭찬을 받은 친구를 보자 다른 아이들도 동기부여가 되어서 더 열심히 쓰게 되었다.

출발, 감사 나눔 교육

선생님들도 개인별 감사 노트를 시간 날 때마다 기록했다. 많은 선생님들이 감사 일기를 쓰면서 위안과 희망을 얻었다고 했다. 학생들에게 감사한 것도 많지만, 가족에게 감사한 것을 찾아 쓰게 되면서 가족의 소중함과 감사함을 더 느끼게 되었다고 했다. 물론 학급 아이들이 감사 일기로 인해 달라지고 변화되는 모습에 보람을 느낀 것은 당연하다.

내가 감사 노트를 쓰기 시작한 것은 2015년이다. 그해 3월 2일 새 학기를 맞이하면서 쓰기 시작했다. 하루에 1감사도 쓰고, 3감사, 5감사도 썼다. 감사의 대상은 주로 학생들, 선생님들, 학부모들, 그리고 가족이었다. 그들에게 감사한 것을 쓰면서 마음이 많이 평화로워짐을 느낄 수 있었다.

아침에 출근해서부터 퇴근할 때까지 감사한 일들이 너무 많았다. 아이들이 밝은 얼굴로 등교하는 모습조차도 감사했다. 열정과 사랑으로 아이들을 지도하는 선생님들, 학교 안전에 힘쓰는 보안관님들, 외부 강사님들, 학부모님들까지 모두 감사한 사람들이었다.

처음에는 감사한 일을 찾아서 쓰기에 바빴다. '오늘은 어떤 감사할 일을 찾아서 써야 하나?' 하는 마음에 솔직히 부담이 가기도 했다. 그래도 하루하루 감사 글을 쓰다 보니 나도 모르게 부담보다는 기쁨과 행복이 자리하게 되었다.

감사 관련 책도 여러 권 보았다. 책에서 감사를 실천한 사람들은 모두 행복을 느꼈다고 했다. 그 말에 솔직히 반신반의했었다. 그런데 내가 실제로 감사 글을 쓰면서 체험을 해보니 역시 나도 행복을 느낄 수 있었다. 의심을 했던 나 자신이 참으로 부끄러웠다. 감사한 마음을 가지면 행복해진다는 말은 이제 내게 진리가 되었다.

내가 감사 일기를 쓰는 법은 결코 거창하지 않다. 그저 노트를 펴고 오늘 하루 어떤 일이 있었는지를 생각하는 것이다. 그리고 그중에서 감사할 일이 어떤 것이 있는지 하나를 정해서 노트에 기록하는 것이다. 처음에는 부담스러웠지만 한두 달 쓰다 보니 습관이 되었다. 밤에 잠자리에 들기 전에 하루를 되돌아보며 감사 일기를 썼다. 감사 일기를 쓰는 것이 어려울까봐 지레 겁먹을 필요는 없다. 소설이나 에세이를 쓰는 것도 아니니 그냥 감사한 것을 편하게 쓰면 된다. 쓰다 보면 기분이 좋고 뿌듯해진다. 이것이 감사 일기를 쓰는 매력이 아닌가 싶다.

감사 노트를 열심히 채우면서 행복을 체험한 전문가들은 감사 노트의 좋은 점에 대해서 두 가지를 제시한다.

하나는 오늘 잘한 일과 잘못한 일을 정확하게 구별할 수 있다는 것이다. 잘한 일에 대해서는 스스로에게 칭찬과 지지를 할 수 있고, 잘못한 일에 대해서는 반성과 격려를 할 수 있다. 그러면서 성장하고 발전하게 된다.

또 하나는 지나간 과거는 잊어버리고, 미래지향적인 생각을 품게 된다는 것이다. 감사 일기는 현재를 감사할 수 있는 마음을 선사한다. 현재에 감사하게 되면 자연스럽게 과거를 지울 수 있는 힘이 생긴다. 그리고 미래를 바라볼 수 있는 눈이 생긴다.

출발, 감사 나눔 교육

나는 전문가들의 이 의견에 전적으로 동의한다. 나 자신도 감사 노트를 5년 가까이 기록하면서 몸소 체험했기 때문이다. 먼저 학교의 여러 가지 행사나 교육활동을 운영하는 데 있어서 마음에 들지 않는 부분이 줄어들었다. '이 정도만 되어도 얼마나 감사한 일이야!' 하며 감사로 승화시키게 되었다. 그리고 다음을, 즉 미래를 생각하게 되었다.

가족과의 관계에서도 욕심을 많이 내려놓았다. 가족 구성원으로서 한 걸음 성장한 것이다. 나의 성장으로 인해 우리 가정에는 행복이 깃들었다.

남편은 그동안 감사 노트를 쓰지 않았다. 나도 남편에게 군이 권하지 않았다. 그런데 지난해 어느 날, 남편이 이런 말을 툭 던졌다.

"나도 감사 노트를 써볼까?"

그 소리를 듣는 순간 너무 기쁘고 고마웠다. 나의 강요에 의해서가 아니라, 내가 쓰는 모습을 보면서 남편이 감사 노트의 진가를 알게 된 것이 기뻤다.

남편은 자신의 말을 실천에 옮겼다. 직장에서 감사한 일을 찾았고, 가족에게서 감사한 일을 찾았다. 그리고 썼다. 남편 덕분에 우리 부부는 서로에게 감사한 일을 찾을 수 있도록 노력하게 되었다. 그렇게 노력하자 집안은 서로 배려하고 도와주려는 분위기로 바뀌었다. 삶은 더 즐겁고 재미있어졌다.

감사 일기를 쓰자. 하루하루 쓰다 보면 감사한 일이 너무 많다는 사실에 놀라게 될 것이다. 그 놀람은 삶에 변화를 일으킬 것이다.

감사 일기를 매일 쓸 수 있다는 것이 얼마나 감사한 일인지 모른다. 감사 노트는 내게 행복을 가져다 주는 소중한 동반자이다.

02

성장한 아이들과
마주치는 감사 나눔 축제

아이들의 재능을 발표하는 학예발표
회를 격년제로 실시하고 있다. 이때 학
예발표회와 더불어 감사 나눔 축제를 운
영한다. 덕분에 좋은 에너지가 두 배로
샘솟는다.

학예발표회는 학년별로 모든 아이들
이 재능을 마음껏 뽐내는 시간이다. 그래
서 이 기간 동안 아이들은 신이 난다. 표
정이 아주 밝다. 특히 우리 학교 아이들
은 학예발표회를 무척이나 좋아한다. 성
격이 활발하고 어울려 놀기 좋아하는 아
이들이 많은 편이어서 학예발표회뿐 아
니라 여러 가지 학교 행사에 적극적으

감사 나눔 축제 현수막

43

로 참여하고 즐거워한다. 처음 학예발표회를 맞는 1학년 친구들은 얼마나 즐겁게 참여하는지 모른다. 학급별로 다양한 퍼포먼스를 자랑하며 온 열정을 다해 재능을 발표하는 모습을 보면 정말 자랑스럽고 예쁘다.

학부모들도 학교 행사 동안에는 아이들을 열렬히 응원하고 지원해 준다. 여러 행사 가운데 학예발표회에 대한 참석률은 엄청 높다. 자녀들의 재능을 응원해 주기 위해 대거 참여한다. 직장을 다니는 분들

감사 나눔 작품들
1학기부터 쓰기 시작한 감사 노트를 학년별, 학급별로 전시. 각 교실마다 마련한 감사나무 코너에 한 학기 동안 열매처럼 달려 있던 감사 카드도 모아 함께 전시하는데, 한 사람도 빠짐없이 참여하였다.

도 잠깐 외출을 해서 보고 갈 정도다.

학예발표회를 준비하는 동안 선생님들은 구슬땀을 흘린다. 아이들의 어떤 재능을 선보일까를 고민하며 다양한 아이디어를 짜내고, 개개인의 능력에 맞춰 정성껏 지도를 한다. 정말 감사한 일이다.

이와 같이 모두가 하나 되는 학예발표회 기간에 감사 나눔 축제를 여니, 그 감동이 두 배로 늘어날 수밖에 없는 듯하다. 감사 나눔 축제는 이렇게 추진된다. 1학기부터 쓰기 시작한 감사 노트를 학년별, 학급별로 전시하는 것이다. 각 교실마다 마련한 감사나무 코너에 한 학기 동안 열매처럼 달려 있던 감사 카드도 모아 함께 전시하는데, 한 사람도 빠짐없이 참여한다. 감사 작품을 전시하는 이유는 서로의 감사한 일을 공유하는 데 목적이 있다. 그래서 감사 나눔인 것이다. 아이들은 다른 친구들이 무슨 감사를 썼는지, 어떻게 썼는지 보면서 스스로 감사를 배운다. 이것이 감사 나눔 축제의 진정한 의미다.

아이들의 감사 글은 학기 초에 비해 점점 풍성해지고 다양해진다. 학년이 달라진 경우는 말할 것도 없다. 4학년 때는 반쪽을 간신히 쓰던 아이들이 6학년 때는 한쪽을 가득히 채운다. 감사 나눔 축제 전시회에서 아이들의 이러한 '성장'과 마주치는 것은 말로 표현하기 힘든 감동을 안겨준다.

축제에서는 다양한 감사 아이디어를 발휘한 작품도 전시한다. 예를 들어, 부채를 하나씩 준비하면 부채에다 감사 사명 선언서를 적는 것이다. 가령 5학년의 경우, '나에게 감사', '너에게 감사', '부모님께 감사', '가족에게 감사', '나라에 감사' 등의 주제로 사명 선언서를 적는다. 감사로 3행시를 짓기도 한다. 또한 감사에 대한 정의도 멋지게 내려서 작품에 표현한다. 아이들은 '감사는 사랑이다', '감사는 행복이다' 등 자유롭게 감사에 대해 자신만의 정의를 내린다.

　선생님들의 감사 글도 전시회에 빠질 수 없다. 선생님들의 감사 글은 주로 가르치고 있는 학생들에 대한 것이다. 또 부모님, 함께 근무하는 동료, 배우자, 친구, 교감, 교장, 학부모에 대한 감사 글도 있다. 선생님들도 서로서로에게 감사하다 보니 업무를 추진하는 데 있어서 많은 도움이 된다고 한다. 동료 간에 불평이나 불만보다 감사한 일을 찾으면서 감사의 마음으로 업무를 추진하게 되었다는 것이다. 선생님들이 행복하고 마음이 편해야 아이들도 행복하고 즐겁게 공부할 수 있다. 나는 선생님들의 감사 글을 읽으면서 가슴 뭉클할 때가 많았다. 감사 글은 누구에게나 감동을 주고 마음의 평화를 갖다 준다.

　학부모의 경우는 그동안 자녀들과 함께 실천해 온 감사생활에 대해 쓴 것을 제출하고, 그것을 전시한다. 첫해에는 40여 명 정도 감사 실천 사례를 써서 제출했다. 너무나 감사한 마음에 감사 노트로 활용할 수 있는 작은 노트를 선물했다. 해가 이어질수록 학부모들의 감사 실천 사례는 자꾸 늘어났다. 감사 교육 3년째 되는 해에는 실천 사례를 제출한 분이 거의 100명에 가까웠다. 학부모들도 감사 나눔 교육의 가치와 효과를 인정한 결과가 아닐까 생각한다. 실제로 학교 교육과정 평가를 하는 11월에 학부모들을 대상으로 설문조사를 하면 감사 나눔 교육에 대한 평가는 거의 90퍼센트 이상 '매우 좋다'로 나왔다. 이러한 만족도에 따라 4년 연속 인성교육 프로그램으로 감사 나눔 교육이 자리잡혀 추진되었다.

감사 나눔 축제에서 학부모의 감사사례 작품은 학년별 학부모 대표가 강당에서 발표를 한다. 학생과 학부모가 함께한 자리인 만큼 그 의미가 크다. 어떤 학부모는 발표할 때 가슴이 벅차올라 눈물을 흘리기도 했었다. 물론 학생들도 학년별로 대표 작품을 뽑아서 부모님 앞에서 발표를 한다. 어른도 아이도 하나가 되는 순간이다. 다른 사람의 감사 글에 생각이 깊어지는 시간이다. 감사 글은 사람들의 가슴을 울리고 감동을 주는 달콤한 사탕과도 같다.

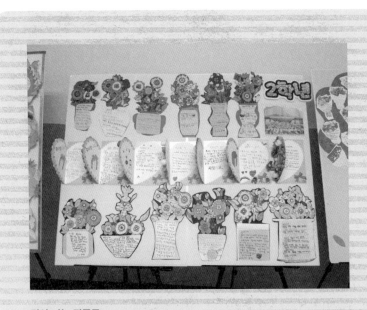

감사 나눔 작품들
2학년 아이들의 감사한 마음을 담은 작품이다.

감사 나눔 축제 때는 '100감사 쓰기' 작품을 전시하기도 한다. 학생은 선생님께, 선생님은 학부모에게, 학부모는 선생님에게, 선생님은 또 학생에게 서로 상대를 정해서 100감사를 쓴 것이다. 100감사를 쓰는 도구는 커다란 족자다. 선생님들은 족자에 각자 생각한 감사한 일을 2~3개 정도 써서 각 반으로 돌린다. 자기 반에 족자가 오면 학부모, 학생에게 감사한 일을 적고 다른 반으로 돌린다. 이렇게 건네진 족자는 감사로 가득 차게 된다.

학부모들에게 감사 쓰기는 내가 먼저 시작한다. 내가 3개 정도를 쓴 뒤 교감선생님, 교무실 선생님까지 쓰고는 1학년부터 각 반으로 돌린다. 학부모들이 선생님들을 향한 감사 쓰기는 도서실에서 실시된다. 평소 도서실에 오는 학부모들이 많기에 도서실을 찾았을 때 한두 가지 감사 글을 받아둔다. 학부모들이 쓴 감사 글은 참으로 감동적이다. 자그마한 것에도 감사할 줄 아는 분위기가 우리 학교에 깊이 배어들었음을 실감할 수 있다.

감사는 행복의 요술주머니 같다. 어제 감사하다는 말을 하면 오늘 나에게 행복을 안겨다주기 때문이다. 오늘 누군가에게 보낸 감사의 인사는 내일 나에게 행복으로 돌아오기 때문이다. 이처럼 좋은 감사를 어릴 때부터 알게 한다면, 일찍 어린 가슴에 심어준다면 더할 나위 없이 좋을 것이다.

철학자 아리스토텔레스는 저서 《니코마코스 윤리학》에서 모든 인간의 궁극적 목표는 행복한 삶이라고 결론지었다. 감사함으로 세상

출발, 감사 나눔 교육

을 바라보는 눈을 기르고 감사 글을 쓰다 보면 자연히 행복해질 수 있으리라 믿는다. 행복해지기 위해 감사 글을 쓰는 것이 아니라 감사 글을 쓰면 행복해질 수 있다. 이것이 나의 철학이다.

감사 나눔 축제에 대해 쓰다보니 그때의 기억이 뭉게뭉게 떠오른다. 축제 때의 가슴 떨림과 뭉클한 감정이 올라와 눈시울이 뜨거워진다. 바른 인성과 고운 마음을 심어 주고, 장래의 행복한 삶도 선물하는 감사 교육은 꼭 필요하다. 나는 감사 나눔 축제를 통해서도 이를 절실하게 느꼈다. 이렇게 좋은 감사 일기를 나의 책을 읽는 모든 사람들과 함께 쓰면 좋겠다.

03

가족이 행복해지는
감사 노트

감사 노트는 가족과 함께 써야 효과가 두 배로 커진다. 아이들은 혼자보다는 가족과 함께 쓸 때 더 많은 긍정의 에너지를 받을 수 있고, 오랫동안 지속해서 쓸 수 있는 인내심도 생긴다.

처음에는 학부모들도 무엇을 어떻게 써야 할지 어려워했다. 하지만 학부모 연수에서 강의를 듣고 쉽게 이해하고 쓰기 시작했다. 아이들이 선생님의 도움을 받아 쓴 감사 노트를 보고 아이디어를 얻기도 했다. 또 감사 축제 때 다른 부모님들이 아이들과 함께 쓴 내용을 보면서 용기를 내기도 했다. 그런 우여곡절 끝에 많은 학부모들이 자녀와 함께 감사 노트를 쓰게 되었다. 그 결과 아이를 바라보는 시각, 학교를 바라보는 시각, 주변 상황을 보는 시각이 많이 변화하게 되었다.

사실 처음에는 어머니만 동참하는 경우가 많았다. 그러다 감사 노트의 좋은 점을 느낀 어머니와 아이가 아버지까지 참여하게 만들었다. 그러면서 온 가족이 함께 감사 노트를 쓰는 가정이 점차 늘어나

출발, 감사 나눔 교육

기 시작했다. 감사 바이러스가 퍼지게 된 것이다. 그 바이러스는 가정을 건강하게 만들었다. 감사 노트는 가족이 대화를 나누고 의사소통을 하는 창구 역할을 했다.

가족이 함께 감사 노트를 쓰면서 행복하게 변화된 가정의 사례를 몇 편 소개하고자 한다.

감사합니다.
2학년 민서준의 어머니

안녕하세요? 2학년 민서준 엄마입니다.

TV 토크쇼에서 한 연예인이 나와 하루하루 가족과 함께 감사한 마음을 담아 감사 노트를 쓰고 있다는 이야기를 들은 적이 있습니다. 감사 노트를 쓰다 보니 감사하는 마음이 생기고 더 행복해졌다며, 감사 노트 쓰기를 추천한다고 했어요.

TV를 보며 우리 가족도 쓰고 싶다는 막연한 생각을 가지고 있었는데, 마침 교장선생님이 부임하시며 진행하신 특색사업 감사 나눔 활동 중에 감사 노트 쓰기가 있어 미약하게나마 저희도 시작하게 되었습니다. 처음에는 아이들도, 저도 뭘 어떻게 써야 하는지, 무엇이 감사한 건지 막연했었습니다. 그래도 한 해 두 해, 한 줄 두 줄 쓰다 보니 이젠 조금 익숙해지게 되었습니다. 거창하게 감사한 일을 고민해서 쓰기보다는 매일 반복되는 소소한 일상에서 감사함을 찾을 수 있었습니다.

아침마다 짧은 거리지만 학교에 데려다주시며 용돈을 챙겨주시는 할아버지에게도, 늘 따뜻하게 "고맙다", "사랑한다" 말씀해주시는 할머니에게도, 매일 가족을 위해 열심히 일하러 나가는 아빠에게도, 아이들을 위해 맛있는 밥을 하고 돌봐주시는 엄마에게도, 아이들은 감사를 느끼기 시작했습니다. 지금껏 아이들 입장에서는 당연하다고 여겨온 일상이었는데 말이죠.

아이들은 여기서 멈추지 않았습니다. 재미있게 공부를 가르쳐주는 선생님들에게도, 늘 아이들을 생각하고 따뜻하게 인사해주시는 교장선생님과 교감선생님에게도, 학교를 지켜주시는 보안관 아저씨에게도, 맛있는 급식을 위해 애써주시는 분들에게도, 아침마다 안전을 위해 봉사하는 녹색어머니들에게도 감사를 찾게 되었습니다. 또한 잊고 있던 자기 자신에게도 감사함을 찾게 되었어요. 자신들이 잘 해내고 있는 것에 대하여 스스로에게 감사하다는 표현을 하게 되면서 작은 위로를 얻더군요. 그 위로가 쌓여 자기를 사랑하는 마음도 커지게 될 것이라 믿습니다.

매일은 아니지만, 아이들의 감사 노트에 함께 감사함을 쓰기 시작하며 저에게도 변화가 있었습니다. 삶의 태도가 바뀐 것입니다. 지금껏 '이랬으면 좋겠다', '저랬으면 좋겠다' 하며 바라기만 하던 일상이 감사함을 찾고 표현하게 되자 '건강해서 감사하다', '별 일 없이 매일 반복되는 하루도 감사하다'라는 일상으로 바뀌었습니다. '그래도 지금이 행복하구나!'라고 느끼게 되었습니다.

출발, 감사 나눔 교육

감사가 곧 삶의 만족이라고 단정할 수는 없겠지만, 삶을 긍정적으로 사는 데 분명 도움이 되는 것 같습니다. 아직은 서툴고 진행 중이지만 아이들과 우리의 마음에서 '감사하다', '행복하다'라는 마음이 자라난다면 삶도 만족스럽고 행복해지지 않을까요?

'작은 일상에도 늘 감사하다'라는 마음을 갖는 작은 관점의 변화가 아주 큰 변화의 시작이 될 거라 믿습니다. 감사 노트를 쓰며 아이들에게 또 부모들에게 기회를 준 학교에 다시 한 번 감사드립니다.

감사 나눔으로 변화된 우리 가족 🖊
3학년 김하늘의 어머니

나의 두 딸 하얀이와 하늘이는 학교에서 나눠준 감사 노트에 꾸준히 감사 글을 쓰고 있다. 나는 가끔씩 우리 딸들의 감사 글에 감사 댓글을 쓴다. 처음에는 아이들의 감사 노트에 감사 댓글 한 줄 쓰는 게 어렵고 힘들었다. 그래도 힘을 내서 한 줄, 두 줄 썼더니, 그리고 아이들의 감사 글을 좀 더 관심 있게 읽다 보니 감사 글을 쓰는 것이 예전처럼 어렵고 힘들지만은 않아졌다. 아무래도 내가 더 감사한 마음이 들어서인 듯하다. 정말 감사한 일이 이렇게 많은지 새삼스럽게 깨달았다. 그리고 하루하루 감사하며 하루를 마칠 수 있어서 감사하다.

감사 노트는 아이들이 학교에서 무엇을 배우고 어떤 활동을 했는지, 어떤 일들을 겪었는지 알 수 있는 다리 역할을 해준다. 나는 그 감사 노트를 읽고 쓰면서 더욱 아이들에게 관심을 갖게 되었고, 아이들의 생각도 좀 더 알 수 있게 되었다. 게다가 질문을 통해 더 많은 대화를 아이들과 함께 나눌 수 있어 좋았다. 딸들과 이야깃거리를 잘 찾지 못하던 내가 수다쟁이 엄마로 변하는 모습이 신기했다. 온 가족이 함께 이야기를 나누는 시간이야말로 정말 보물 같은 시간이고 행복한 시간이다. 그렇게 너무나 웃기고 재미있는 하루 일과가 생겼다. 부정적인 말보다 긍정의 말을 더 많이 쓰게 된 아이들이 정말 예쁘다. 가끔은 우리 딸들이 친구처럼 느껴져서 웃음 짓게 되고, 든든하다.

감사 글을 쓰면서 우리 가족뿐만 아니라 친구들 그리고 주변의 이웃들까지도 한 번 더 생각할 수 있는 마음도 생겼다. 작게나마 주변을 챙길 수 있는 여유가 생겨서 감사하다. 서로에게 감사하는 우리 가족이 그 어떤 힘든 일에도 감사할 줄 아는 큰 힘을 가지게 된 것 같다. 지금 이 순간에도 감사함을 이야기할 수 있어서 감사하다.

감사하는 일을 찾아 실천하는 아이로 자라기를
2학년 황인건의 아버지

오늘도 인건이는 반복되는 감사 노트에 뭘 써야 할지 눈을 지그시 감고 고민했다. 두 번, 세 번 반복되는 문장 때문에 그랬을 거라고 생각된다. 그럴 때는 내가 살며시 다가가서 요점만 말해주면 그 다음부터는 줄줄이 써내려간다. 처음에는 두 줄, 세 줄, 네 줄 썼던 문장이 감사하는 마음이 깊어져서 그런지 열 줄이 넘을 때도 있었다. 그러면 자기도 흐뭇한지 줄을 세어보기도 했다. 엄마 아빠와 함께 함성을 지르며 좋아하기도 했다.

인건이는 형제가 없어서 그런지 엄마, 아빠가 형제가 되고, 친구가되고 있다. 눈높이에 맞춰 열심히 놀아주면 어느새 나도 동심이 되어 웃음이 많아진다. 천진난만한 아이에게 감사 또 감사를 느낀다. 인건이가 내 수준인지, 내가 인건이 수준인지 알 수는 없지만 어쨌든 우리는 죽이 딱딱 맞는다. 농담도, 장난도 그저 재미있기만 하다. 남들이 보았을 땐 싱겁고 유치하지만, 우리 둘만의 주고받는 농담과 장난은 개그맨도, 웃음치료사도 저리 가라다. 서로가 웃겨서 또 웃고 한참을 웃는다.

나는 시장에서 조그마한 장사를 한다. 학교 끝나면 인건이도 제일 먼저 가게로 와서 나와 많은 시간을 보낸다. 조그마한 가게라도 있으니 다행이라고 생각한다. 가게가 없었다면 아무도 반겨주지 않는 집안에서 인건이가 얼마나 외롭고 심심할까 하는 생각에 감사하고 또 감사하다. 나는 인건이와 함께 아침마다 학교에 간다. 불안하고 걱정되어서가 아니라, 함께하는 그 자체가 감사해서다. 인건이가 친구들과 아침 인사 하고 서로 웃는 모습을 보면 흐뭇하고, 감사하고, 행복하다.

가끔 TV에서 학교폭력이나 따돌림에 관한 보도를 본다. 그럴 때마다 피해 아이나 엄마 아빠는 얼마나 힘들고 괴로울까 하는 마음에 걱정이 이만저만이 아니다. 다행히 자양초에서는 아침에 아이들과 학교폭력 및 따돌림 근절 캠페인도 하고, 훌륭한 선생님들이 학교폭력이 없도록 잘 지도해준다. 덕분에 마음이 놓이고, 감사하다. 선생님의 지도를 순순히 따라주는 아이들한테도 고맙고 감사하다.

인건이가 감사하는 일을 찾아서 남들에게 전하는 멋있는 청년으로 성장했으면 하는 바람이다.

자양초등학교 선생님, 아이들을 항상 사랑으로 가르쳐주셔서 감사합니다.

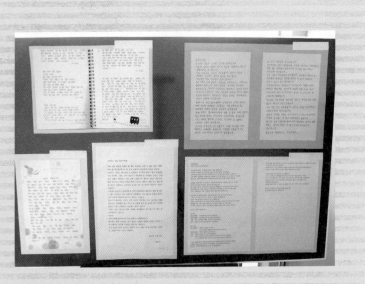

학부모들의 감사 편지 전시
가족이 함께 감사 노트를 쓰면서 가족뿐 아니라 주변의 이웃들에게도 감사한 마음을 갖는 경우가 많았다.

출발, 감사 나눔 교육

학부모들이 쓴 세 편의 감사 글을 읽으면서 가슴 뭉클했다. 아이들과 함께하고자 하는 노력이 보이고 자녀를 사랑하는 그윽한 마음이 보여 감동적이었다. 아이들과 함께 감사 노트를 쓰면서 항상 아이들을 응원해주는 부모님들에게 박수를 보내드리고 싶다. 감사 노트를 쓰면서 부모님의 가슴에는 사랑이 그득히 쌓이게 되었다.

가족이 함께 감사 노트를 쓰면서 가족뿐 아니라 주변의 이웃들에게도 감사한 마음을 갖는 경우가 많았다. 그런 변화에 감사할 따름이다. 이와 같이 감사 나눔을 한 사람 한 사람 실천하다 보면 '우리 가족'뿐만 아니라 가까운 이웃, 더 나아가 우리 사회가 밝아지지 않을까?

04

감사합니다,
특별한 졸업식

기억에 남는 졸업식이 세 가지 있다. 먼저 생각나는 졸업식은 초임지에서 맞은 첫 졸업식이다. 나의 교직 생활은 면 소재지에 있는 학교에서 시작됐다. 교육부 지정 급식 시범학교로 선정되어 여러 가지 할 일이 많았지만, 학교는 정이 있고 서로 돕는 훈훈한 분위기였다. 급식 시범학교라서 그런지 학교 부지에 커다란 밭이 있었다. 밭에다 유기농 토마토, 오이, 상추, 고추 등 다양한 친환경 식물을 심어서 아이들의 급식에 반찬으로 올려 주었다. 그때 교장선생님이 유기농 작물 재배에 관심이 많아서 열심히 유기농 농사를 지었다. 늘 작업복 차림에 수건을 목에 두른 채 땀을 닦던 교장선생님의 모습이 지금도 생생하다. 성품이 인자하고 친절해서 학생들도, 교직원들도 모두 존경했다.

급식 시범학교라서 교육청이나 교육부에서 장학사와 관계자들이 자주 학교를 방문했다. 그럴 때 간식으로 나가는 주 메뉴는 토마토

출발, 감사 나눔 교육

였다. 빵도 학교에서 직접 만들어서 아이들에게 나누어 주었다. 특히 새콤달콤한 그 토마토 맛은 잊을 수가 없다. 요즘 슈퍼에 나와 있는 토마토는 싱겁게 느껴질 정도로 그 옛날 토마토의 맛은 일품이었다.

초임지에서 1년을 보내고, 두 번째 해에 6학년을 맡았다. 교육 경력 2년차에 6학년을 맡아 조금 부담스러웠는데, 다행히 아이들이 순수하고 말을 잘 들었다. 당시에는 가정방문이라는 것이 있어서 먼 곳까지 한 명 한 명 집을 다녀오기도 했다. 힘은 들었지만, 아름다운 추억이다. 그 시절 방문한 가정 가운데 여전히 기억에 살아 있는 가정이 있다.

저수지 근처에 사는 지연이네 집이다. 지연이는 할머니와 둘이 살고 있었다. 마음이 따뜻한 아이라 할머니를 잘 도우면서 살고는 있으나 형편이 너무 어려웠다. 사실 학교에서는 늘 명랑하고 무슨 일이든지 솔선수범하기 때문에 가정방문 전까지는 지연이의 처지를 전혀 몰랐었다. 가정방문을 다녀온 후 항상 밝은 모습으로 학교생활을 하는 지연이가 한결 대견스러워 보였다. 지연이는 언제나 감사하는 마음을 가지고 있었다. 그 마음은 일기장 검사를 하면서 알게 되었다. 지연이는 "선생님께 감사하는 마음으로 열심히 공부 해야겠다"라는 다짐의 글을 매일 적고 있었다.

우리 반 아이들은 대부분 정이 있고 마음이 따뜻했다. 친구들을 스스로 돕고, 스스럼없이 선생님에게 질문도 잘해서 볼수록 사랑스러웠다. 그래서 졸업이 다가오자 많이 서운했다. 새내기 교사로서 더욱 열정과 사랑을 쏟았기에 더욱 가슴이 먹먹했다. 아이들도 많이 섭섭

해 했다. 그 와중에 졸업식 업무가 배정되었다. 내가 배정 받은 업무는 졸업식 노래 지휘였다. 걱정이 밀려왔다. 아이들을 떠나보내는 마음도 슬픈데 지휘를 잘할 수 있을까?

드디어 졸업식날. 시작부터 마음이 울렁거렸다. 두려움의 울렁거림이 아니고 슬픔의 울렁거림이었다. 간신히 울렁거림을 참고 졸업식 노래 지휘를 하러 단상에 올라갔다.

"빛나는 졸업장을 타신 언니께……."

6학년 언니들을 떠나보내는 동생들의 노래가 울려퍼졌다. 그때까지 잘 참았다. 이어서 선배가 후배에게 들려주는 2절이 시작되었다.

"잘 있거라, 아우들아 정든 교실아, 선생님 저희들은 물러갑니다……."

2절의 첫 소절에서 나의 눈에서는 눈물이 왈칵 쏟아졌다. 눈물을 주체할 수가 없었다. 그렇다고 지휘를 멈출 수도 없었다. 참으로 힘든 순간이었다. 아이들도 모두 울면서 노래를 이어갔다.

"부지런히 더 배우고 얼른 자라서, 새 나라의 새 일꾼이 되겠습니다."

노래를 마칠 때쯤엔 졸업식장 전체가 울음바다가 되어 있었다. 내빈들과 학부모들도 모두 눈물을 흘리고 있었다. 결국 그날의 졸업식은 눈물로 시작해 눈물로 마무리되었다.

지금 그 아이들은 어디에서 무엇을 하고 있을까? 지금쯤은 쉰이 조금 넘은 나이, 누군가의 부모가 되어 어딘가에서 잘 살고 있겠지? 나는 결혼하기 전까지 몇몇 아이들과 연락을 하고, 서울에서 만나기

출발, 감사 나눔 교육

도 했었다. 결혼을 하면서 일상이 바빠진 탓에 소식이 끊기고 말았다.

글을 쓰다 보니 아름다운 옛 추억을 상상할 수 있어서 참 감사하다. 글을 쓰지 않았다면 이렇게 구체적으로 옛 추억을 불러오지 못했을 것이다.

두 번째로 생각나는 졸업식은 1장에서 조금 언급을 했던, 교직 20년차에 만난 아이들의 졸업식이다. 분반을 하지 않고 4학년 때부터 그대로 3년을 함께 올라온 아이들. 그나마 여자아이들은 선생님을 잘 따르고 공부도 열심히 하는 편이었다. 하지만 남자아이들은 대부분 만만치 않은 아이들이었다.

'이 아이들이 올바른 사람으로 자라게 하려면 어떻게 지도해야 할까?' 한시라도 이 고민에서 벗어날 수 없었다. 역할놀이, 전통놀이, 창의적인 수업, 개인 상담 등을 하며 돌파구를 찾았다. 다행히 이러한 학습 방법들이 효과가 있었다. 특히 상담이 효과가 있었다. 한 명 한 명 상담을 하면서 느낀 것은 아이들을 지도하는 데 사랑과 관심만한 것이 없다는 사실이었다. 특히 그 아이들에게는 엄마 같은 따뜻한 사랑과 관심이 효과가 있었다.

11월이었다. 상수라는 아이가 나에게 와서 한 말이 지금도 생각난다.

"선생님, 저 중학교 안 가고 선생님과 한 해 더 공부하면 안 돼요?"

나의 대답은 이러했다.

"선생님은 내년에 1학년 맡을 건데, 너도 1학년에 와서 같이 공부활래?"

상수는 그 이야기를 듣고 픽 웃었다. 선생님과 정이 들어 함께 더 공부하고 싶은 마음이었을 것이다. 선생님의 지도를 잘 따라준 상수, 그리고 20명의 우리 반 아이들에게 감사할 따름이었다.

마침내 작별의 시간. 졸업식에서 나는 아이들을, 아이들은 나를 떠나보내야 했다. 우리 반 대표 말썽꾸러기 두 명이 불쑥 앞으로 나왔다. 그러고는 덥석 나를 붙들었다.

"선생님, 그동안 잘못했어요. 나중에 꼭 선생님 찾아뵐게요."

두 말썽꾸러기가 울음을 터뜨렸다. 그 바람에 나도 울고 말았다. 어느새 교실은 울음바다로 변해 있었다.

말썽꾸러기들이 잘못을 뉘우치게 되어서 얼마나 보람 있었는지 모른다. 녀석들 덕분에 제일 힘들었지만 교사로서 가장 보람 있고 의미 있는 한 해를 보냈다. 이후 두 녀석이 중학교에 가서 잘 지내고 있다는 소식을 들었는데, 내가 강남으로 발령이 나면서 소식이 끊겼다. 지금은 어른이 되어 어디에선가 행복하게 잘 살고 있겠지?

세 번째 감동의 졸업식은 교장으로 근무하던 마지막 학교에서의 졸업식이었다. 다른 학교에서도 해마다 졸업식을 해왔지만 감사 나눔 교육을 하면서 실시하는 졸업식은 훨씬 감동적이고 보람 있었다. 졸업식에서 발표하기 위해 6학년 친구들은 감사 노트를 다른 해보다 더 열심히 썼다. 6년 동안 학교를 다니면서 부모님에게 감사했던 것을 곰곰이 생각하며 썼다. 이 시간이 6학년 친구들에게는 6년 중에

출발, 감사 나눔 교육

졸업식

감사 나눔 교육을 하면서 실시하는 졸업식은 훨씬 감동적이고 보람 있다. 그해 졸업식에서 6학년 아이들은 부모님과 마주보고 앉았다. 졸업식 순서에 따라 감사 편지 읽는 시간에 5감사를 부모님에게 읽어드렸다. 자녀들이 5감사를 읽을 때 부모님들은 대부분 눈시울을 붉혔다.

가장 의미 있는 시간일 수 있다. 부모님에게 감사한 것을 새겨보는 시간을 언제 가져보겠는가?

그해 졸업식에서 6학년 아이들은 부모님과 마주보고 앉았다. 졸업식 순서에 따라 감사 편지 읽는 시간에 5감사를 부모님에게 읽어드렸다. 자녀들이 5감사를 읽을 때 부모님들은 대부분 눈시울을 붉혔다. 부모님이 우는 졸업식을 하는 학교가 서울에 어디 있을까 싶다. 아마 거의 없을 것이라고 생각된다.

졸업생들은 5감사를 읽어드린 뒤 1년 동안 정성 들여 써온 100감사 족자를 부모님에게 선물했다. 부모님들은 그 족자를 받아들고 얼마나 좋아했는지 모른다. 세상을 다 얻은 듯한 기쁨이 얼굴에 어렸다. 아기인 줄만 알았던 아이가 이렇게 커서 고마움을 표현하니, 대견스럽고 자랑스러웠을 것이다.

졸업식은 여기에서 끝이 아니다. 여학생 대표가 그동안 부모님에게 감사한 것을 단상 위에서 발표했다. 이어서 남학생 대표가 6년 동안 학교에 다니면서 선생님들에게 감사한 것을 쓴 감사 편지를 읽었다. 마지막으로 〈어머님 은혜〉와 〈스승의 은혜〉를 부르고, 〈졸업식 노래〉까지 부른 다음 졸업식은 막을 내렸다. 그야말로 눈물과 감동으로 끝이 났다.

졸업식이 끝나고 교장실까지 찾아와 감사 인사를 한 아버님이 생각난다.

"우리 아이 6년 동안 학교에 잘 다니고, 건강하게 졸업을 하게 도와주셔서 정말 감사합니다."

진심 어린 감사 인사였다. 비타민과도 같은 한마디였다.

감사 나눔 교육을 운영하면서 졸업식은 해마다 이와 같은 방식으로 실시했다. 해마다 모두의 가슴을 울리는 감동의 졸업식이 되었다. 학부모들의 만족도는 굉장히 높았다. 아이들에게 감사 습관을 길러준 것에 대해 진심으로 감사를 표현하는 분들이 많았다. 그 말씀에 에너지를 얻어 선생님들은 더 뜨거운 열정과 사랑으로 아이들을 가르치시게 되었다. 서로서로에게 좋은 에너지를 주는 감사는 얼마나

감사나눔 신문에 실린 졸업식 기사

'너희들 모두가 주인공이란다'라는 제목의 기사.

감사교육에 앞장서는 자양초등학교 감사 나눔 졸업식을 소개하여 지역 사회에 잔잔한 감동을 주었다.

기사는 감사 졸업식에 대해 세세히 진행과정을 설명하였고, 감사 나눔 교육을 실시하고 졸업식은 해마다 모두의 가슴을 울리는 감동의 졸업식이 되었다고 소개했다.

귀한지! 감사로 시작되어 감사로 끝나는 감동의 졸업식이 많은 학교에서도 이루어지면 좋겠다. 그러면 정말 감사하겠다.

05

공동체의 힘
그리고 감사

무슨 일이든지 사람의 마음을 얻어내면 일을 쉽게 추진할 수 있다. 학교 일도 마찬가지다. 어떤 행사든 교육 공동체의 협조와 공감을 얻어내면 순조롭게 진행된다. 그리고 모두가 행복해진다.

운동회 이야기를 해야겠다. 자양초등학교에서 겪은 두 번의 운동회가 기억에 남는다. 한 해는 정말 뿌듯하고 보람 있었던 운동회였고, 한 해는 가장 가슴 졸이고 긴장했던 운동회였다.

자양초등학교로 발령이 나서 가보니, 운동장이 전에 근무하던 오현초등학교보다 훨씬 작았다. 이 좁은 운동장에 전교생이 모여 꾸준히 대운동회를 치러왔다는 사실이 믿기지 않았다.

"어떻게 전교생이 이 작은 운동장에서 운동회를 했어요?"

체육부장 선생님에게 물었더니, 이런 대답이 돌아왔다.

"나중에 보시면 알아요."

6개월이 지나고 이듬해 5월이 되었다. 운동회 계획에 대해서 부장

선생님들과 상의를 했다. 여러 가지 의견이 많이 나왔다. 나 말고 새로 부임한 선생님들도 한결같이 어떻게 전교생이 운동회를 할 수 있는지 의문을 품었다. 그 의문은 부장 회의를 하면서 모두 해소되었다. 아주 세밀하고 철저하게 짜인 운동회 계획 설명에 놀라지 않을 수 없었다. 가장 빛나는 아이디어는 전교생이 각 교실 통로와 층계를 대기실로 사용하는 것이었다. 운동장에서만 대기하는 것으로 생각하고 있었는데, 참신한 역발상이었다.

누가 생각해낸 것인지 정말 좋은 아이디어였다. 체육부장님과 그전에 몸담았던 부장 선생님들의 노하우에 나를 포함한 선생님들은 감탄을 터뜨렸다. 함께 협동하고 노력하면 안 될 것이 없다는 것을 보여주는 좋은 사례였다.

드디어 운동회가 열렸다. 학년별 개인달리기를 할 때 아이들은 온 힘을 다해 달렸다. 달리기를 할 때처럼 아이들이 무엇인가에 집중하는 때는 없을 것이다. 학년별 무용과 체조도 정말 멋졌다. 아이들의 표정에는 '행복'이라고 쓰여 있었다. 학부모들도 그 예쁜 모습에 행복해 했다.

운동회의 꽃은 역시 청백 계주다. 저학년, 고학년 계주 선수가 나오면 아이들과 학부모들 모두 환호를 해준다. 계주에서는 청군, 백군이 앞서다 뒤서다 하면서 관중들의 가슴을 졸이게 만든다. 그래서인지 관중들의 응원 소리도 가장 크다. 목이 터지진 않을까 염려스러울 정도다.

학부모님 경기도 빠질 수 없다. 그중에서도 줄다리기는 정말 재미

출발, 감사 나눔 교육

있다. 청군, 백군 모두 있는 힘을 다해서 줄을 당기는데, 넘어지고 손이 까져도 즐거워한다. 줄이 팽팽하게 당겨질 때 관중들의 응원 소리는 하늘을 찌른다. 이럴 때 교육 가족 모두가 한마음이 되는 것 같다. 그래서 감사하다.

어르신들의 경기로는 낚시 경기가 있다. 낚싯줄에 선물을 물고 오는 게임인데, 많은 어르신들이 참여한다. 물고 온 선물을 갖고 들어갈 때의 모습은 너무나 행복해 보인다. 낚시 경기는 교육 공동체 모두가 감사한 마음으로 공감대를 형성할 수 있는 가장 좋은 프로그램이라고 생각한다.

첫해의 운동회는 이렇게 다양한 프로그램으로 아름답게 마무리했다. 학생, 교사, 학부모 모두를 만족시킨 멋진 운동회였다. 특히 학부모들은 격년으로 하는 운동회를 해마다 하면 좋겠다며 아쉬워했다. 커다란 행사를 하면서 느낀 점은 역시 서로 돕고 이해하는 과정에서 정이 들고, 어려운 일도 헤쳐나갈 수 있다는 것이다.

지난 2018년, 퇴직하기 전에 또 운동회를 하게 되었다. 아버님들도 많이 참석할 수 있도록 5월 1일 근로자의 날로 운동회 날짜를 정했다. 그런데 그날 황사가 심해서 운동회를 연기해야만 했다. 아버님들의 불만이 많았다. 하지만 미세먼지가 너무 심한 상태에서 운동회를 진행할 수는 없었다. 학부모들에게 전체 메시지를 보내고 양해를 구했다. 연기한 날은 5월 4일이었다. 그날이 오기까지 하루에도 몇 번씩 미세먼지 예고를 보았는지 모른다. 미세먼지로 이렇게 신경을 쓴 적은 처음이었다.

다행히 5월 4일은 전날에 비가 조금 내려서인지 미세먼지가 없고, 날씨도 맑았다. 가슴을 쓸어내리며 아침 일찍부터 선생님들과 운동장에 나와 만국기를 달았다. 전날 비가 왔기 때문에 운동장이 젖어 있었다. 보안관님, 기사님들, 선생님, 아이들, 학부모들 모두 한마음이 되어 젖은 운동장을 마른 흙으로 메웠다. 그 밖에 여러 가지 준비를 마친 후 기분 좋게 운동회를 시작했다. 저학년 경기가 먼저 시작되었다. 학부모들도, 선생님들도 모두 즐거운 마음으로 경기를 구경했다. 1학년 개인달리기, 학년별 단체경기, 고학년 무용 등 운동회 프로그램 순서대로 순조롭게 잘 진행되었다. 아! 그런데 이게 웬일인가? 갑자기 빗방울이 떨어지기 시작했다. 1학년 아이들이 콩주머니로 바구니 터뜨리기 시합을 할 시간이었다. 나는 마음속으로 간절히 기도했다.

'제발 이 상태에서 비 좀 그치게 해 주세요!'

기도가 통했는지 다행히 빗방울이 멎어 주었다. 신이 난 1학년 아이들은 콩주머니를 열심히 던져댔다. 하지만 조그만 아이들의 힘으로는 바구니가 좀처럼 터지지 않았다. 6학년 언니, 오빠들이 도와주자 드디어 바구니가 펑 하고 갈라졌다. 갈라진 바구니 속에서는 현수막이 흘러내렸다. 현수막에는 '점심 시간'이라 적혀 있었다.

그런데 기도의 효력이 다한 것일까? 1학년 아이들이 퇴장하고 나니, 갑자기 굵은 빗방울이 또 떨어지기 시작했다. 이제 청백 계주를 포함해 몇 가지 경기만 남아 있는데 말이다. 얼마 동안 비가 그치기

출발, 감사 나눔 교육

를 기다려 보았다. 빗방울은 그치기는커녕 점점 더 세어졌다. 부장선생님들, 학부모들과 상의를 했다. 의견이 반반으로 갈렸다. 빨리 하고 마치자는 의견, 이대로는 안 된다는 의견이 맞섰다. 나의 결정이 중요했다. 순간 가장 먼저 떠오르는 생각이 아이들의 건강이었다. 비를 맞고 운동을 하다가 아이들이 감기라도 걸리면 안 되겠다는 생각이 들었다. 그 판단에 따라 저학년 계주는 오후에 점심을 먹고 하는 것으로 결정을 했다. 점심을 먹고 나면 비가 그치겠지 하는 바람으로.

점심을 먹으면서도 마음이 편치 못했다. 비가 그치지 않으면 어쩌나 안절부절못했다. 점심 식사 후 경기 시간이 다가오는데도 비는 야속하게도 계속 내렸다. 이제 정말 중대한 결정을 내려야 했다. 부장선생님들과 상의한 끝에 일단 운동장에서는 운동회를 이어갈 수 없다는 결론을 내렸다. 남은 경기는 강당에서 하는 수밖에 없었다. 운동회를 열기 전에 미세먼지 농도가 높아질 경우 강당에서 운동회를 하기로 미리 계획을 세워 놓았던 터라 큰 걱정은 없었다. 선생님들도 다들 그 사실을 알기에 강당에서 운동회를 한다고 전했을 때 아주 민첩하게 진행해 주었다. 얼마나 감사한지 모른다.

강당에서 6학년 학생들이 부채춤을 선보였다. 너무 멋지게 잘해서 앙코르 공연까지 하게 되었다. 다른 경기들도 모두 무사히 치러냈다. 다만 아쉽게도 청백 계주만 하지 못했다. '강당 운동회'를 마친 뒤 많은 학부모들이 질서정연하게 잘 추진해 주었다고 칭찬을 해주었다. 만족하고 칭찬해준 학부모들에게 정말 감사했다.

이튿날, 마무리하지 못한 청백 계주를 학년 별로 실시했다. 아이들은 청백 계주를 통해서 또 한 번의 작은 운동회를 하게 된 셈이라 무척 좋아했다. 이렇게 자양초등학교에서 두 번의 '인상적인' 운동회를 겪었다. 우리 학교 교육 공동체가 서로 협동하고 배려한, 아름다운 행사였다. 모두가 행복한 운동회였다. 감사하고 또 감사한 일이다.

운동회 외에 교육 공동체가 함께 감사하며 행사에 참여할 수 있는 프로그램으로 책 잔치 마당이 있다. 학부모들이 계획을 세워 아이들과 함께 수업을 진행하는 책 잔치 마당을 소개한다.

먼저 학교에서 주제를 정해 준다. 예를 들어, 주제를 '감사'로 정하면, 감사와 관련된 책을 학년별 수준에 맞게 한 권 선정한다. 그 책의 내용을 중심으로 다양한 아이디어를 내고 수업 안을 만들어서 진행하는 것이다. 수업 내용은 학년별로 다르다. 가령 1학년이 '감사 카드 만들기'를 하면, 2학년은 '책에 나와 있는 내용을 그림으로 그리기'를 한다. 3학년은 '감사주머니 만들기', 5학년은 '감사 사진 만들기' 등 다양한 아이디어로 준비한 수업을 학부모들이 몸소 진행한다. 아이들은 어머님들이 색다르게 수업을 해주니까 아주 즐거워한다.

선생님과 아이들은 수업을 해준 어머님들에게 감사의 마음으로 감사 편지를 쓴다. 감사 교육이 자연스럽게 이루어지는 것이다.

또 하나의 프로그램은 역시 학부모가 진행하는 예절 교육이다. 어머님이나 아버님이 예절 명예교사로 활동을 하는데, 역시 아이들이 좋아한다. 게다가 아이들이 얼마나 공손하게 수업을 받는지 놀라울 정도다. 예절 교육 또한 다양하게 진행된다. 명절 전후에는 한복을

출발, 감사 나눔 교육

입고 절하는 법을 가르쳐주기도 하고, 다도를 알려주기도 한다. 예절 교육은 아이들이 바른 인성을 갖추는 데 효과가 있다. 이 좋은 교육을 친근한 부모님이 하니 효과가 더욱 큰 것 같다.

이와 같이 좋은 프로그램들은 학교가 일방적으로 진행한 것이 아니다. 교육 공동체의 마음을 얻어 시작한 것이다. 이 프로그램들은 서로를 이해하고 공감하는, 나아가 서로에게 감사하는 계기가 되었다.

3

감사 나눔
교육이
쏘아올린
작은 공

01

감사를 알고
싸우지 않는다

감사 교육 덕분에 학교폭력이 줄어들게 되었다. 친구의 감사 노트에서 자신에게 고마웠던 점을 쓴 것을 보면서 그 친구에게 또 감사의 글을 쓰니, 선한 영향력이 퍼져나가며 우정이 두터워졌다. 친구에게 못마땅한 것이 있었어도 감사한 것을 찾게 되면 감사의 마음이 부정의 마음을 누그러뜨렸다. 그러니까 폭력이 끼어들 자리가 좁아지는 게 당연했다.

학교마다 학교폭력으로 몸살을 앓고 있다. 어느 학교든지 크든 작든 학교폭력 사건이 한두 가지 정도는 발생한다. 〈학교폭력 예방 및 대책에 관한 법률〉 제 2조 1항에서는 학교폭력을 다음과 같이 정의한다.

학교폭력이란 학교 내외에서 학생을 대상으로 발생한 상해, 폭력, 감금, 협박, 약취, 유인, 명예훼손, 모욕, 공갈, 강요, 강제적인 심부

감사 나눔 교육이 쏘아올린 작은 공

름, 따돌림, 정보통신망을 이용한 음란, 폭력정보 등에 의하여 신체, 정신 또는 재산상의 피해를 수반하는 행위로 정의한다.

이렇게 광범위한 학교폭력의 정의에 따라 작고 사소한 사건도 학교폭력으로 신고가 된다. 특히 요즘은 옛날에 비해 신체적인 폭력보다 사이버 폭력이 많이 발생한다. 스마트폰이나 인터넷 통신 등이 발달하면서 사이버 폭력이 점점 더 심각해지고 있는 것이 우리 사회의 현실이다. 그 옛날 내가 초등학교 다닐 때는 자연을 벗삼아 마음껏 뛰놀면서 친구들과 공부했는데, 요즘 아이들의 학교생활은 너무 삭막하다. 용솟음치는 에너지를 건전하게 풀기 힘들고, 정서적으로도 메마르기 쉬운 환경이다. 그래서 참으로 안타깝다. 이렇게 변해가는 우리 사회의 여러 가지 환경 때문에 학교폭력이 더 심해지는 것 같다.

초등학교 1학년 시절의 경험이다. 시골 초등학교의 1학년에 입학한 나는 처음엔 적응을 잘하지 못했다. 부끄러움을 많이 타서 친구들과 활발하게 어울리지 못했다. 3월 한 달이 지나고 친구들을 조금씩 사귀게 되면서 학교생활이 즐거워지기 시작했다. 다만 공부에 대한 욕심이 많았기에 수업 시간에 무엇인가 하고자 하는 바가 잘 안 되면 몹시 속상해했다. 만들기나 꾸미기 같은 작품 활동을 할 때 잘 안 되면 눈물이 흘러내리곤 했다. 그런 나를 위로해준 사람은 담임선생님이었다. 1학년 때 선생님의 따뜻한 마음을 지금도 잊을 수가 없다. 선생님은 우리 집에서 가까운 곳에 살았는데 매일 나를 데리고 함께 학교에 갔다. 내가 못하는 것이 있으면 항상 옆에서 완성할 수 있도록 도와주셨다. 그렇게 도와준 선생님 덕분에 나는 매사에 자신감으로 임할 수 있었고, 2학년부터는 학교생활을 더 적극적으로 할 수 있었다. 선생님은 나의 내면에 숨어 있는 리더십을 찾게 해준 것이다.

어른으로 성장해 교사가 된 나는 그때 담임선생님을 본보기 삼아 아이들을 가르치려 애썼다. 1학년 담임을 맡으면 제일 먼저 아이들이 반 친구들과 서로 잘 어울려 지내고 있는지, 학교생활에 잘 적응하고 있는지 주의 깊게 살폈다. 혹시라도 소외되거나 친구들과 잘 어울리지 못하는 아이가 있으면 그 아이에게 알맞은 짝을 지어주어 즐겁게 학교에 다닐 수 있도록 배려했다.

1학년 때 친구들과 무난하게 어울리면 2학년 올라가서도 잘 적응한다. 학생에게 가장 중요한 것은 친구들과 더불어 즐겁게 학교를 다니는 것이다. 공부는 그다음의 문제이다. 친구관계가 좋으면 자연스럽게 공부도 즐거워진다. 실제로 친구들과 잘 어울리지 못해 학교에 적응하지 못하는 아이들이 생각보다 많다. 1학년은 특히 더 그렇다. 때문에 1학년 학부모들은 자녀의 친구관계에 대해서 많은 대화를 나누어야 한다. 친구들과 잘 어울려 놀 수 있도록 지도하고, 자신감을 심어 주어야 한다.

6학년을 담임했을 때 항상 혼자만 다니는 민수라는 남자아이가 있었다. 아이들에게 민수가 혼자 다니는 이유를 물었더니, "민수는 원래 친구들과 안 놀아요."라고 대답했다. 6학년인데도 불구하고 친구들과 잘 어울리지 못한다는 것은 그동안의 학교생활이 순탄하지 못했다는 이야기다. 더구나 3년을 함께 같은 반으로 지낸 친구들 사이에서 혼자였다면 말이다. 민수는 늘 혼자서 책만 읽었다. 밝게 웃는 얼굴을 잘 볼 수가 없었다. 안타깝게도 민수는 외톨이였다.

나는 민수가 친구들과 자연스럽게 어울릴 수 있도록 함께하는 협동학습, 토론학습, 역할극 놀이 등의 수업을 자주 진행했다. 다행히 '함께하는' 수업을 통해 친구들과 잘 어울리게 되었다. 표정도 밝아졌다. 역시 사람은 누군가와 함께 어울릴 때 활력 있게 살아갈 수 있음을 민수를 통해 새삼 확인했다.

나도 친구들로 인해 초등학교 시절을 즐겁게 보낼 수 있었다. 6학년 때는 친구들과 밤에 학교에서 불을 켜놓고 공부하기도 했다. 친구들이 싸온 맛있는 음식을 나누어 먹으며 즐겁게 공부했다. 중학교 입학시험이 있던 시절이라 가능했던 일이다. 요즘 초등학교에서는 볼 수 없는 풍경이다.

남학생들은 짓궂은 아이들이 많았다. 여학생들이 고무줄놀이를 하면 심술궂게 고무줄을 끊고 도망가고, 다른 놀이를 할 때도 훼방을 많이 놓았다. 자기들끼리 종종 다투기도 했는데, 심하게 때리며 싸우는 친구들도 많았다. 지금 생각하면 모두 학교폭력 사건이다. 학교에서 학교폭력자치위원회가 열려야 하는 상황이다. 하지만 그 시절엔 선생님의 훈계로 모든 것이 끝났다. 싸운 친구들도 금방 화해하고 친하게 지냈다. 부모님들도 친구들끼리의 싸움에 크게 개의치 않았다. 선생님에게는 오히려 때려서 사람 만들어 달라고 부탁했다.

그렇게 친구들과 싸우고 선생님에게 맞으면서 자란 친구들을 지금도 만난다. 만나면 그 시절 이야기로 꽃을 피운다. 모두가 완전한 초등학생으로 돌아간다. 어린 시절 함께 어울렸기에 지금도 어울릴 수 있는 것이다. 즐겁게, 행복하게.

몇 년 전 초등학교 때 친구들과 놀러간 적이 있다. 버스에서 재미있게 놀기 위해 초등학교 시절 관련 퀴즈를 준비해 갔다. 그때의 교장선생님 이름, 1학년부터 담임선생님 이름 맞히기 등의 퀴즈를 냈는데, 친구들 모두 척척 맞혔다. 학교 교가의 가사도 모두 기억을 하고 있었다. 또 가장 기억에 남는 에피소드 한 토막씩 말하라고 했더니, 재미있는 에피소드가 많이 나왔다. 친구들과 즐겁게 학교생활을 했기 때문에 기억도, 에피소드도 많은 것이다. 물론 힘들고 어려웠던 기억도 많이 나왔지만 모두 즐거움으로 승화시킬 수 있는 일들이었다. 초등학교 시절을 즐겁게 보낸 것도, 그 시절 친구들과 여생을 즐길 수 있는 것도 참으로 감사한 일이다.

나의 어릴 적 초등학교와 지금의 초등학교는 너무나 다르다. 선생님이 아이들을 교육시키기도 참 힘들다. 요즘 체벌이 금지된 것은 바람직한 일이지만, 훈계조차 마음대로 하기 힘든 것이 학교의 현실이다.

자녀가 한두 명인 요즘 학부모들의 자식 사랑은 대단하다. 그러다 보니 아이들 사이에 싸움이 나면 부모님들의 싸움으로 이어지는 경우도 많다. 아이들은 싸운 뒤 금방 화해하고 잘 노는데, 부모님들은 감정이 식지 않아 여전히 반목하는 경우도 심심찮게 있다. 그런 모습을 보면 아이들의 감정만 탓할 것이 아니다. 어른들도 스스로 감정을 잘 다스려야 한다고 생각한다.

감정을 잘 다스리면 싸움은 저절로 줄어들기 마련이다. 감사를 배우면 감정을 다스리는 데 도움을 준다. 감사 나눔 교육을 통해 실제로 체험한 사실이다. 감사 나눔 교육으로 감정을 조절한 아이들은 친구관계는 물론 생활태도도 좋아졌다.

여기 실제 사례를 하나 소개한다.

감사의 도움

2학년 박준영

감사는 자신에게 큰 도움이 되고 사랑이 되기도 한다. 감사가 있기에 친구들이 많이 생기고 친구들과 친해지기도 한다. 감사를 하기 전에는 친구들과 싸우기도 했지만, 감사를 알고 난 이후부터는 싸우지 않는다. 감사를 통해서 더욱 착해지고 친구들과 사이좋게 지내게 되었다. 감사로 세상의 모든 사람들이 싸우지 않고 행복하게 살았으면 좋겠다는 바람도 가져본다.

감사 나눔 교육은 아이들의 마음을 부드럽게 만든다. 감사 나눔 교육을 실시하면서 학교폭력이 줄어드는 것도 똑똑히 확인했다. 가정에서도 감사 글을 쓰면 아이들은 학교에 와서도 싸우지 않고 즐겁게 지낼 수 있다. 실제로 그랬다. 학교폭력으로 고민하는 학교들은 감사 나눔 교육을 권해 보고 싶다.

02

기대하지 않았던
글솜씨 향상

감사 노트는 글쓰기 실력을 향상시키는 데도 큰 도움을 준다. 감사 일기나 감사 편지를 쓰면서 아이들의 글쓰기 실력이 몰라보게 향상됨을 알 수 있었다.

1학년 새내기들은 2학기나 되어야 감사한 일 한두 가지를 겨우쓰게 된다. 학년이 올라가면서 감사 글의 양이 늘어난다. 감사한 일을 찾는 것에 익숙해지는 것이다. 또한 매일 감사 글을 쓰면서 글쓰기 실력도 향상되는 것이다. 2학년과 5학년을 비교했을 때 물론 학년의 차이도 있지만, 글 쓰는 양이나 표현 내용이 쑥쑥 성장되어 있음을 알 수 있다.

1학년 2학기 때부터 감사 글을 열심히 쓴 희수라는 아이가 있었다. 다음 해 5월 간단하게 감사 노트만 전시하는 전시회를 열었다. 솔직히 나는 저학년인 2학년들의 감사 노트는 별 기대를 하지 않고 들여다보았다. 그런데 감사 노트를 보다가 어느 한 노트에 눈길이 딱 멈

감사 나눔 교육이 쏘아올린 작은 공

추었다. 희수의 노트였는데, 감사 글을 읽으면서 감탄사가 절로 나왔다. 1학년 2학기 때부터 하루도 빠짐없이 감사 노트를 쓰더니, 내용도 표현도 굉장히 풍성해져 있었다. 다른 아이들에게 동기부여가 될 것이라는 생각에 방송실에서 전체 어린이들에게 희수의 감사 노트를 보여주고 칭찬을 해주었다.

희수는 그때 방송실에서 칭찬받은 것을 계기로 더욱더 열심히 썼다. 3학년 때도 감사 나눔 축제에서 전시를 했는데, 희수는 2학년 때보다 한 걸음 더 성장해 있었다. 게다가 기특한 면도 보였다. 전시 기간이 일주일이었는데, 희수는 전시회 기간이라고 해서 감사 글 쓰기를 빼먹을 수 없었다. 그래서 오후에 집에 가져가 감사 글을 쓰고, 그 이튿날 다시 갖고 와서 전시를 했다. 희수는 3학년 때까지 쓴 감사 노트가 자그마치 7권이나 되었다. 선생님이나 부모님도 쓰기 힘든 노트를 1년에 3권씩 쓴 것이다. 그러니 문장 실력이 늘고, 또 성장할 수밖에 없었다.

감사 나눔 교육이 글쓰기까지 향상시킬 것이라는 기대는 사실 크게 하지 않았었다. 그런데 희수뿐만 아니라 많은 아이들이 글솜씨가 늘었다. 정말 감사한 일이다. 모두 아이들이 열심히 한 결과이다.

6학년인 지원이도 3학년 때부터 감사 노트를 하루도 쉬지 않고 열심히 쓴 아이다. 3학년 때 전학을 와서 처음 감사 노트를 접했는데 감사 일기를 쓰면서 자신의 생활이 많이 변화되었다고 했다. 감사 일기를 쓰다 보니 주변에서 감사한 일도 잘 찾을 수 있었다고 했다. 지원이는 감사 일기를 '일상생활에서 감사하는 생활을 할 수 있도록 도와준 참 좋은 친구'라고 표현했다. 귀엽고 예쁜 표현이다. 이렇게 표현력까지 향상된 지원이는 중학교에 가서도 열심히 감사 일기를 쓰겠노라고 다짐했다. 지금 중학 시절을 보내고 있는 시기인데, 6학년 때의 다짐처럼 감사 일기를 잘 쓰고 있으리라 믿는다.

아이들이 감사 노트를 쓰면서 여러 가지가 변화되었다고 고백한 글을 몇 편 소개한다.

감사하며 행복을 느끼는 나

3학년 김하늘

우리 주변에는 감사한 것이 정말 많습니다. 매일 감사 노트를 쓰니 우리 주변에 감사한 것이 정말 많다는 것을 깨닫게 되었습니다. 저도 모르게 감사하며 생활하게 되어 행복을 느꼈습니다. 또한 제 생활 습관도 점점 변하게 되었습니다.

감사 나눔 글쓰기 대회를 통해 내 감사 노트를 다시 읽어 보면서, 감사의 내용이 점점 많아지고 글쓰기 실력도 늘고 있는 것을 알 수 있었습니다. 초등학교 들어가기 전에는 감사가 이렇게 좋은 것인지 알지도 못했고, 1학년 때는 감사 노트 쓰는 것이 힘들었는데 학년이 점점 올라가면서 감사 노트 쓰는 것이 행복해지고 좋아졌습니다. 그래서 감사 노트를 쓰게 해주신 교장선생님께 참 감사합니다. 왜냐하면 교장선생님께서 우리에게 감사 노트를 주시지 않았더라면 저는 감사가 좋은 것인지 몰랐을 테니까요. 감사 노트를 쓰는 행복함도 몰랐을 것이며, 오늘 무엇이 감사하였는지 생각조차 해보지 않았을 것입니다. 이제는 감사 노트를 쓰며 오늘은 무엇이 감사하였는지 꼭 생각하게 되었습니다. 오늘도 감사 나눔 글쓰기를 하여 기쁘고 감사합니다.

감사 나눔이 나를 바꾸다 ✏️
3학년 방찬용

나는 1학년 때부터 3학년이 된 지금까지 3년 동안 감사 노트를 쓰고 있습니다. 1학년 때에는 그냥 감사한 일을 찾아 생각해서 썼고, 2학년 때에는 선생님께서 일기처럼 하루 일과를 쓰라고 하셔서 그렇게 썼습니다. 그런데 3학년인 지금은 사소한 일까지도 감사하게 되었습니다. 특히 같은 반 친구의 감사 노트에서 나에 대한 감사 글을 보고 정말 감사함을 느꼈습니다. 나도 그 친구를 아끼고 사랑하는 마음을 갖게 되었습니다.

이제는 수천 가지의 감사를 쓸 수 있습니다. 나는 다른 사람들이 감사를 사랑해주면 좋겠습니다. 하루를 되돌아보는 시간을 가지면서 감사 노트를 쓰면 좋겠습니다. 그러면 점점 긍정적인 사람으로 되고 친구의 사랑을 잘 기억하는 사람이 될 것입니다.

나는 1학년 때보다 많이 달라졌습니다.

4학년, 5학년이 되어서도 언제나 감사 노트를 쓸 것입니다. 사소한 것까지도 감사하면서 점점 더 발전하겠습니다. 배려, 인성, 감사, 사랑을 기억하겠습니다. 나를 바꾸어준 감사 나눔 교육과 감사 노트에 감사합니다. 감사 나눔은 나의 나쁜 습관을 고쳐주었고, 내가 많은 사랑을 받게 해주었습니다. 나는 이 감사 나눔이 소중하고, 꼭 있어야 한다고 생각합니다.

모든 사람들이 감사 나눔을 하면 행복하고 감사한 나라가 될 것입니다. 감사는 소중합니다. 감사를 감사해야 합니다. 저는 감사를 해서 하루하루가 정말 행복합니다.

다른 사람에 대한 감사는 또 다른 사람에게 감사를 옮기는 좋은 바이러스입니다. 우리 모두 감사를 하여 감사를 나눕시다. 감사는 다른 사람의 기분을 좋아지게 만드는 신기한 마법입니다.

감사는 사랑이고 긍정이고 변화이고 도전입니다
5학년 송수아

감사 노트를 쓰기 전에 나에게 감사란, 누가 큰 선물이나 기쁨이라는 것을 안겨주었을 때나 쓰는 '드문 단어'였습니다. 하지만 감사 노트를 쓰고 난 후부터는 나에게 감사란, '드문 단어'에서 사소한 것에서부터 진심으로 우러나오는 '당연한 단어'로 바뀌었습니다.

당연히 처음부터 쉬운 것만은 아니었습니다. 처음에는 큰 것만 중요시하고 감사하게 생각해서 하루에 2가지만 쓰는 것도 너무나 어

감사 나눔 교육이 쏘아올린 작은 공

려운 높은 산 같았습니다. 하지만 3년 뒤 '감사'라는 높은 산에 도착해보니, 그 산은 결코 높은 것이 아니었습니다. 감사 산에 올라 아름다운 경치 같은 감사를 만나고 나니, 더 높은 산에 도전해볼 수 있었습니다.

감사 노트를 쓰면서 평소에 짜증나고 불만스러웠던 일과 감정을 '감사'와 '만족'으로 절제할 수 있게 되었습니다. 나 스스로 작아지며 '내가 할 수 있을까?'라는 생각을 많이 했는데, 이제는 움츠러져 있던 어깨를 꼿꼿이 세우며 '난 할 수 있어!'라는 생각을 하게 되었습니다. 그러자 자신 없던 부분들은 작아지고 열정은 점점 커지는 신기하고도 당연한 일이 내게 생겼습니다.

감사는 이어달리기 같다고 생각합니다.

먼저, 주자들이 차례로 바통을 넘기면서 결승점에 먼저 다다른 팀이 이기는 이어달리기처럼 내가 감사를 하고 실천하면 주위의 모든 사람들이 감사의 바통을 전달합니다. 그리고 모든 사람이 감사로 물들어 안 좋은 생각을 감사로 이겨내게 됩니다.

감사는 또한 태양과도 비슷합니다.

태양이라는 한 색의 커다란 물질 안에 여러 빛깔의 물질들이 섞여 태양을 완성하는 것처럼, '감사'라는 큰 단어 안에 여러 가지 빛깔의 감사들이 하나의 완성작을 만들기 때문입니다.

보잘것없는 씨앗 한 알이 시간이 지나면 탐스럽고 향기로운 열매를 맺는 것처럼, 감사도 한 사람의 조그만 시작으로 모든 사람에게서 알찬 열매를 맺는다고 생각합니다. 그 열매는 사랑이라고 생각합니다. 결국 감사는 사랑입니다.

아이들은 글쓰기를 무척 어려워한다. 그 어려움이 감사 노트를 쓰면서 많이 줄어들었다고 한다. 이제는 많은 아이들이 무엇이 감사한지, 감사함을 느꼈을 때 어떤 마음이 들었는지를 생각하며 써내려간다. 글솜씨 향상은 감사 교육이 가져다주는, 정말 좋은 효과라고 생각한다.

03

학부모는 뜨거워지고
가정은 따뜻해지고

학부모들이 아이들과 함께 감사 노트를 쓰면서 가정이 행복해진 경우를 많이 보았다. 자양초등학교는 감사 나눔 교육에 대한 학부모들의 이해를 돕기 위해 학부모 연수를 실시했다. 학부모들의 반응은 뜨거웠다. 좋은 인성교육 프로그램이라며 적극적으로 응원과 지지를 해주었다.

비록 연수를 듣기는 했지만 처음에는 학부모들도 감사한 것에 대해 무엇을 어떻게 써야 할지 몰라서 어려워했다. 아이들이 매일 감사 노트에 감사한 내용을 쓴 것을 읽고 댓글을 달면서 서서히 학부모들도 감사 글을 쓰게 되었다. 초기에는 주로 어머님들만 참여했는데, 점차 아버님들도 동참하면서 온 가족이 감사 노트를 쓰는 경우가 많아졌다.

이렇게 학교에서 실시하는 감사 나눔 교육은 가정으로까지 서서히 퍼져나갔다. 그러면서 학부모들의 마음이 감사와 긍정의 마음으

부모님 감사글
감사 나눔 축제 기간에 학부모들이 직접 참
여해 감사 실천 사례를 전시하였다.

로 변해가는 것을 목격하게 되었다. 아이들에게, 또는 학교와 선생님들에게 품었던 불만을 감사함으로 바꾸게 되었다는 학부모들의 말씀을 종종 들을 수 있었다. 학부모들의 변화로 인해 전보다 학교의 분위기가 많이 따뜻해졌음을 느꼈다.

학부모들은 보통 감사 교육 관련 책을 읽고, 서로 공감되는 부분을 나누며 감사 쓰기 과제를 정해 실천한다. 한 어머님은 감사 관련 책을 읽고 나서 매일 잠을 자기 전 두 아이와 하루 일과 중 3가지 감사한 것에 대해 이야기를 나누었다고 한다. 하루를 감사로 마무리하며 아이들이 기분 좋게 잠자리에 들도록 지도한 것이다. 그 결과 가족이 행복한 저녁시간을 보내게 되었다.

감사 쓰기는 혼자 하기는 어렵다. 가족이 함께 쓰면 더 많은 에너지를 얻을 수 있다. 감사할 일도 풍성해진다. 가족이 서로서로에게 감사 글을 쓰면 다툴 일도 사라진다. 아버님들 중에는 감사 노트를 자

감사 나눔 교육이 쏘아올린 작은 공

녀와 함께 쓰면서 자녀에 대한 고마움과 사랑스러움이 두 배가 되었다고 한 분도 있었다. 당연히 자녀와 티격태격하던 일들도 줄어들었다. 나는 다른 학부모들로부터 "형제들 사이의 싸움이 뜸해졌어요.", "학교에서 친구들과 사이좋게 잘 지내요."라는 이야기도 많이 들었다. 여러 가지 좋은 변화들에 감사할 따름이다.

감사 나눔 축제 기간에 학부모들이 자녀들과 가정에서 어떻게 감사를 실천했는지, 그동안 감사를 실천하면서 변화된 사실은 어떤 것이 있는지 공모를 했다. 첫해에는 사십 명 정도 사례를 제출했는데, 해가 거듭될수록 제출 건수가 늘어서 마지막 해에는 거의 백 명 가까이 사례를 제출했다. 이런 예만 보아도 감사 교육이 아이들과 학부모 모두에게 얼마나 좋은 영향을 끼치는지 알 수 있다.

학부모들이 직접 아이들과 감사 노트를 쓰고 체험하면서 느낀 점을 적은 감사 글을 몇 편 소개한다.

우리 가족의 감사 나눔 ✏️
1학년 이유현, 4학년 이승현의 어머니

큰아이가 2학년이 되었을 때 처음으로 감사 노트 쓰기를 시작했습니다. 아이에게 무엇이 감사한지 물었더니, 이런 대답이 돌아왔습니다.

"감사한 일이 별로 없는 것 같아요."

나도 모르게 아이의 의견에 동의를 하게 되었습니다. "작은 것에 감사하라", 익숙한 말이지만 아이나 나나 일상생활에서 감사에 대해 표현하는 것에 익숙하지가 않았던 것입니다. 감사는, 무언가를 선물 받거나, 또는 도움을 받았을 때 갖는 마음이라고만 생각했습니다.

하루하루 숙제처럼 아이와 함께 감사 노트를 썼습니다. 그러면서 점점 우리 가족에게는 하루의 감사함에 대한 생각을 나누는 시간이 늘어갔습니다. "고마워.", "감사합니다."라는 표현을 더 자주 하게 되었습니다. 학교에 안 다니는 작은아이도 옆에서 비록 감사 노트는 쓰지 않았지만 "엄마 맛있는 거 만들어줘서 감사합니다.", "형아, 게임 같이 해줘서 고마워." 하며 감사를 표현했습니다. 자기도 감사 노트를 쓰고 싶다고 했습니다. 그런 작은아이가 올해 학교에 입학해서 바람을 이뤘습니다. 자신의 감사 노트에 감사 내용을 쓴 것을 본 나는 엄마로서 정말 뿌듯했습니다.

나는 아이들을 다 재워놓고 남편과 아이에게 감사 편지를 쓰곤 했습니다. 어느 순간 아이에 대한 감사함이 더 구체적으로 표현되고 있음을 느끼게 되었습니다. 가끔 아이를 키우다보면 서운한 마음도, 미운 마음도 들기 마련인데, 아이에게 감사한 마음을 편지 글로 표현하다 보니 어느덧 밉고 서운했던 감정이 누그러졌습니다. 그런 감정은 나의 욕심에서 비롯되었음을 깨닫게 되었습니다. 가끔 아이들의 감사 노트에서 우리 부부가 생각지도 못한 부분에 아이들이 감사를 느낀다고 쓴 글을 봅니다. 그럴 때면 나도 모르게 숙연해지곤 합니다.

며칠 전 공개수업 때였습니다. 남편이 월차 휴가를 내고 공개수

감사 나눔 교육이 쏘아올린 작은 공

업에 참석했는데, 아이는 그다음 날 아빠가 휴가로 인해서 야근해야 하는 것을 미안해하면서도 본인 수업에 와준 것에 대해 감사하다고 표현했습니다. 그 글을 보며 남편은 감동을 받고 아이에게서 대견함을 느꼈습니다.

아이의 글로 인하여 부모와 자식 관계보다는 인간 대 인간으로 소통할 수 있는 부분이 생긴다는 것이 참 좋은 것 같습니다. 이제 우리 아이는 감사를 그날그날 몇 줄 쓰고 끝내지 않습니다. 감사 주제를 정해서 구체적으로, 의무가 아닌 진심으로 감사를 쓰고 있습니다. 인성교육의 일환인 감사 나눔 교육이 우리 가족과 아이에게 긍정적인 영향을 미친 것에 정말 감사합니다.

늘 작은 일에도 감사하며 살아갈 수 있는 가족이 되겠습니다. 감사합니다!

감사함을 느끼며 사는 가정 만들기
4학년 김건희, 김강희의 어머니

안녕하세요? 광진구에서 가장 역사가 오래되고, 관내의 모든 초등학교들 중에서 가장 모범인, 자랑스러운 자양초에 다니는 건희, 강희 부모입니다. 감사함을 느끼며 사는 가정을 만드는 것은 간단하고 쉬운 일이 아니지요. '건희, 강희네 가족' 하면 어떤 가족이 생각나게 할지, 어떤 가정이 되도록 해야 할지에 대한 답을 찾기란 여간 어려운 것이 아니었습니다. 멋진 가족이 되기 위해서 최선을 다했던 나날들을 되새겨보면 건희와 강희가 태어난 날부터 지금까지 다른 사람을 배려하는 사람, 예의 바른 사람으로 자라게 하려고 무던히 노력했던 나날들이라 여겨집니다.

학부모로서 두 아이가 공부를 잘하는 아이가 되기를 바라는 마음도 있었지만, 공부만 잘하는 아이는 본인만 행복한 아이라는 생각이 들었습니다. 자기 자신만 행복한 아이보다 감사함을 서로 나누고 실천하여 주변도 함께 행복하게 만드는 아이가 더 행복할 거라는 생각이 들었습니다. 우리 아이들이 항상 타인을 배려하고 존중하며, 주변을 행복하게 만드는 사람으로 성장하기를 꿈꿉니다. 그 꿈을 위해 우리 가족은 매일 손을 잡으며, 부둥켜안으며, 감정과 사랑을 나눌 수 있는 시간을 갖기 위해 최선을 다했습니다.

어찌 보면 쉽고 간단한 일이지만 매일매일 아이들과 눈 맞추고 대화를 나누는 일은 생각보다 실천하기 힘든 일이었습니다. 하지만 이 값진 시간의 노력들이 우리 아이들을 바르게 성장시킬 것이라는 믿음을 가지고 실천했습니다. 우리 가족의 이런 노력이 더 빛을 발할 수 있었던 것은 우리 두 아이가 입학한 자양초가 감사와 나눔, 그리고 배려를 우선으로 하는 감사 나눔 학교인 덕도 있었다고 생각합니다. 감사와 나눔, 배려를 학력보다 더 우선에 놓고 지도해주시는 선생님들과 다른 학부모님들 덕분에 우리 아이들이 감사와 나눔을 실천하는 아이들로 성장할 수 있었습니다.

우리 아이들이 바른 인성을 지닌 어른이 되려면 더 많은 노력, 더 많은 시간, 더 많은 교육이 필요할 것입니다. 이런 교육은 학생 개인이나 가정에서의 노력만으로는 그 빛을 발할 수 없다고 생각합니다. 개인, 가정, 학교, 이웃, 사회와 국가가 모두 노력할 때 더 큰 노력의 열매로 돌아오는 것이겠지요. 그런 점에서 우리 자양초가 감사 나눔 실천 학교로 많은 인성교육을 담당해주신 것에 대해 감사하다는 말씀드리고 싶습니다. 자양초에서 마음먹었던 부모로서의 첫 마음을 기억하며, 앞으로도 감사와 나눔, 배려를 실천하는 가족이 되도록 노력하겠습니다. 감사합니다.

하루 한 줄의 감사가 소소한 행복으로 돌아올 때
6학년 권민지의 어머니

안녕하세요? 저는 6학년 권민지, 1학년 권순호 학생의 어머니입니다. 학교에서 실시해왔던 감사 노트 쓰기를 통해 변화하는 아이들의 모습을 보면서 감사는 소소한 행복이라는 생각을 하게 되었습니다. 하지만 제가 직접 감사 글을 쓰는 것은 글쓰기가 서툰 저에게는 무척이나 어려운 일이었습니다. 실제로 그 부담감으로, 아이들이 실천하고 있는 감사 노트를 지켜보면서도 선뜻 제 삶 속에서 실천하지 못하고 머뭇거린 적도 많았습니다. 그래도 이번 감사 글 사례 공모를 계기로 저의 삶을 되돌아보니 감사의 실천을 통한 작은 변화들이 정말 많았다는 생각이 들었습니다.

딸이 처음 감사 노트를 시작할 때 둘이 나란히 써본 적이 있었습니다. 회사에서 퇴근 후 피곤할 때는 한 줄의 감사 글도 마냥 귀찮게 느껴졌지만, 하루하루 감사 노트를 써내려가면서 아이의 학교생활에 공감하는 부분이 많아졌습니다. 나아가 서로의 마음을 알게 되면서 자연스럽게 대화하는 시간도 늘어나게 되었습니다.

감사의 실천은 딸에게도 작은 변화를 불러일으켰습니다. 평소에 선생님을 피하거나, 게임에서 이기기 위해 동생을 울리던 아이가 이제는 항상 웃어른과 선생님께 예의 바르게 행동하고, 타인에게도 배려를 베풀 줄 압니다. 또한 학교생활도 즐겁게 합니다. 이러한 누나의 모습을 보면서 1학년인 귀염둥이 아들도 학교생활에 잘 적응하고 있습니다.

그러다, 저만의 감사 노트를 몇 개월 적어 보았습니다. 퇴근 후 잠들기 전 한 줄의 감사 글은 저에게 긍정적인 사고를 갖게 해주었고, 행복의 기준을 바꾸어주었습니다

또한 노트에 적어보는 것에서 더 나아가 감사 나눔을 실천해 보기도 했습니다. 우선 마음 편히 직장에 집중하라고 손주들 돌봐주시는 친정엄마께 감사하다는 말과 함께 애정 표현을 해드렸습니다.

다음엔 항상 바쁜 남편에게 따뜻한 말 한마디로 감사를 전했습니다. 남편은 "고맙다. 수고했어."라는 표현으로 답례를 해주었습니다. 말 한마디 주고받은 것뿐이었지만 참 행복했습니다. 감사의 실천으로 행복을 느끼게 되니, 이젠 일상에서도 "고맙습니다", "감사합니다"라는 말을 자주 사용하고 있는 나를 발견하게 됩니다.

감사 나눔 교육이 쏘아올린 작은 공

이 감사의 글이 가을 단풍처럼 예쁘게 물들어 우리 가족과 자양초 가족들에게 소소한 행복을 전했으면 하는 바람입니다.

무언가 대단한 것이 아니라 소소하고 작은 것에도 감사하면서 살아가는 가족들의 행복한 이야기에 감동이 밀려온다. 아이들로 인해서 행복해지는 부모님들이다. 가족이 함께 감사 노트를 쓰면 감사 노트 하나로 온 가족이 행

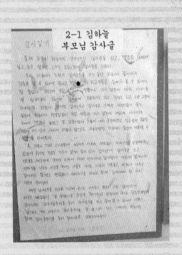

부모님의 감사글
감사 교육이 아이들과 학부모 모두에게 얼마나 좋은 영향을 끼치는지 알 수 있다.

복해질 수 있다. 가족에게 행복이란, 감사를 통해 얻은 행복이란 어떤 값비싼 보석보다도 더 의미 있고 가치 있는 소중한 보물이라고 생각한다. 이 글을 읽는 모든 가족들이 서로서로 감사함을 갖고 행복한 가정을 이루어 나가기를 기대한다.

04

천문학자 한 명
탄생하겠다

코칭 교육을 만나게 된 것은 2013년이다. 겨울방학에 한국리더십센터에서 실시하는 '성공하는 사람들의 7가지 습관'에 대한 연수를 받으러 갔다. 그때 우연히 코칭 공부를 하신 한 코치님을 만났고, 코칭이라는 것을 처음 들어 보았다. 코칭을 통해서 사람을 변화시키고 성장시킨다는 이야기를 들었다.

한국리더십센터에서 교육을 받고 돌아와서 바로 2월 봄방학 때 코칭 연수를 받게 되었다. 기본 교육을 받고 보니 학교에서 아이들에게 많은 도움이 되겠다는 생각이 들었다. 그래서 코칭 실력을 쌓기 위해 KAC 기본 자격증 과정에 도전했다. 도전에 성공해서 기본 자격증을 땄지만 누군가를 실제적으로 코칭하기에는 아직 미흡했다. 좀 더 실력을 쌓을 필요가 있어 그다음 단계인 KPC 자격증에 도전해서 자격증을 손에 넣었다.

상호 코칭 실습을 하는 과정에서 참 행복함을 느꼈다. 상대방에게

감사 나눔 교육이 쏘아올린 작은 공

서 코칭의 핵심 기술인 다양한 질문, 인정, 칭찬, 지지를 통해 긍정의 에너지를 받았기 때문이다. 이것이 코칭의 매력인 듯했다.

즐겁게 배운 코칭 기법을 학교에서 아이들과 학부모들에게 적용해보기로 했다. 우선 아이들이 자신의 꿈을 찾고, 그 꿈을 위한 길을 가도록 도와주고 싶었다. 그래서 5, 6학년을 중심으로 진로 코칭을 하기 시작했다. 강북에 있는 오현초등학교에 근무하던 시절이었다.

5학년 전체 학생들에게 진로 코칭을 해줄 시간이 안 되기에 일단은 임원을 중심으로 실시했다. 5학년 각 반 임원 가운데 두 명씩을 점심식사 후 교장실로 초대해서 진로 코칭을 30분정도 해주었다. 아이들 입장에서는 방과 후에 하면 더 좋았을 텐데, 학원 다니느라 바빠서 시간을 뺏을 수가 없었다.

그나마 제일 한가한 시간이 점심시간이었다. 임원들은 점심시간에 제일 먼저 배식을 받고, 바로 교장실로 내려와서 진로 코칭을 받았다. 나도 진로 코칭이 있는 날은 선생님들과 여유 있게 이야기 나누며 식사를 하지 못하고 먼저 와야 했다.

처음에는 아이들이 교장실에 들어오면서부터 긴장된 모습을 보였다. 나는 라포 형성 질문으로 편하게 그날 점심에 먹은 메뉴나 한 주 동안 감사한 일에 대해서 이야기를 나눴다. 아이들은 감사 교육을 받았기 때문에 감사한 일에 대해서는 이야기를 아주 잘했다.

다음에는 질문지를 작성하게 했다. 자신의 강점과 꿈은 무엇인지, 앞으로 꿈을 이루기 위해 무엇을 어떻게 하면 좋은지 등의 질문을 통해 아이들이 자연스럽게 꿈에 다가가도록 했다. 자신이 꿈을 이룬 모습을 상상할 때 아이들의 입가에는 미소가 번졌다. 그 모습을 본 나는 너무나 기쁘고 흐뭇했다.

진로 코칭을 마친 뒤 어떤 느낌이 들었는지 질문하자 많은 아이들이 놀라운 대답을 했다.

"속이 시원합니다."

"가슴이 뻥 뚫립니다."

왜 그런 느낌이 들었는지를 되묻자 이렇게 대답했다.

"지금까지 이렇게 내가 하고 싶은 일에 대해서 신나게 이야기해 본 적이 없었어요. 하고 싶은 일에 대해서 즐겁게 이야기를 하니까 기분이 좋아요."

진로 코칭을 받고 교장실을 나가면서 감사 인사를 하는 아이들의 얼굴은 햇살처럼 밝았다.

진로 코칭의 반응은 좋았다. 학부모들도 기대를 많이 했다. 어떤 학부모는 내가 바빠서 진로 코칭이 늦어지면, "교장선생님 우리 아이 빨리 진로 코칭 해주세요." 하면서 재촉하기도 했다. 그만큼 내게 감사를 표하면서 말이다. 학부모와 아이들이 진로 코칭을 통해 감사함을 찾고 행복해하는 모습에 나 역시 감사하고 행복했다.

자양초등학교로 근무지를 옮겨서도 똑같이 진로 코칭을 실시했다. 5학년부터 6학년까지 하루에 두 명씩 진로 코칭을 하다 보니 금세 한 학기가 다 지나갔다. 2학기에도 같은 방식으로 진행했다. 다른 학교 일로 많이 바쁘지만 아이들의 꿈과 관련된 진로 코칭을 소홀히

할 수는 없었다. 진로 코칭은 아이들과 소통하는 시간이기도 했다. 개별적으로는 아이들과 이야기할 기회가 거의 없으니, 이렇게 코칭을 통해서 아이들과 대화하고 소통하는 시간은 정말 소중했다. 코칭을 받고 나서 다음에 또 했으면 좋겠다는 아이들도 많았다. 그런 아이들에게 좀 더 많은 시간을 할애해주지 못한 것이 아쉽다.

코칭을 해준 6학년 학생 중에 준수가 가장 기억에 남는다. 지금쯤 중학교 3학년이 되어서 열심히 자신의 꿈을 위해 노력하고 있을 것이다.

준수의 꿈은 천문과학자이다. 그 꿈을 이루기 위해 나와 약속한 것이 있다. 매일 과학 관련 책을 읽고 알게 된 것, 느낀 것을 적어서 파일에 정리하기로 한 것이다. 한 달가량 지났을 때 교문에서 준수를 만났다. 준수는 "교장선생님, 지난번 교장선생님과 약속한 파일 정리 했어요." 하면서 책가방에서 클리어 파일을 꺼냈다. 파일 한 권 가득히 많은 자료가 정리되어 있었다. 읽어보고는 더 깜짝 놀랐다. 이렇게 열심히 실천 과제를 실행할 줄은 몰랐던 것이다. 너무 기특하고 대견해서 칭찬을 해주었다.

"와, 우리 자양초에서 천문학자 한 명 탄생하겠다. 열심히 하자!"

6학년 전체 진로교육을 하는 시간에 준수가 꿈을 위해 실천하기로 한 약속을 잘 지킨 것에 대해서 칭찬을 했다. 준수의 노력이 다른 아이들에게 동기부여가 될 수 있도록 유도했다.

우리 아이들에게는 무언가에 열정을 갖도록 만드는 동기부여, 할 수 있다는 자신감, 꿈을 이룰 수 있다는 긍정의 메시지가 정말 중요한 것 같다. 그 중요한 것들을 아이들에게 심어 주는 것이 바로 진로 코칭이다. 나는 코칭을 정말 잘 배웠다고 생각한다. 코칭을 통해 아이들의 행복을 보았기 때문이다. 아이들과 즐겁게 소통할 수 있기 때문이다.

한 학기가 끝나면 진로 코칭을 받은 아이들은 그동안 자신이 실천 과제로 정해서 실천한 것을 갖고 모인다. 실천 과제는 '하루에 영어 단어 3개씩 외우기', '일주일에 책 한 권씩 읽고 느낌 쓰기', '일주일에 3번 수학 문제집 풀기', '일주일에 3번 줄넘기 하기', '매일 그림 그리기', '컴퓨터 자격증을 위해 시험공부 매일 하기', '피아노 한 시간씩 치기' 등 아주 다양하다.

아이들 스스로 자신의 꿈과 관련해 정한 실천 과제이기 때문이다. 단, 한 사람이 한 가지만 정한다. 여러 가지를 정하면 제대로 다 해내기 어렵기 때문이다. 부모님은 자녀가 실천 과제 정한 것을 잘했는지 체크만 해주면 된다. 더 할 일이 있다면 지지와 격려다. 나는 실천 과제를 열심히 한 아이에게는 더 열심히 하도록 작은 선물로 감사 노트와 수첩을 준다.

진로 코칭을 하면서 마지막에 아이들에게 꼭 하는 말이 있다.

"하고자 하는 목표를 향해서 갈 때 힘들어도 절대 포기하지 말자. 너희들이 하고 싶은 일을 찾아 사회에 나가서 원하는 삶을 살았으면 좋겠어."

그러면서 나의 실패 경험담도 들려준다. 실패는 포기에 대한 유혹

감사 나눔 교육이 쏘아올린 작은 공

을 불러일으키므로 그 유혹을 이겨낸 사례를 아이들에게 보여주기 위함이다. 나를 만난 아이들이 행복하게 살기를 간절하게 바라는 마음에서 이렇게 마무리를 하는 것이다.

05

독서 코칭을 통한
관계회복

코칭을 배워서 아이들에게는 진로 코칭, 학부모들에게는 독서 코칭을 실시했다. 독서 코칭을 통해 학부모들의 가치관이나 교육관이 변화되어 학부모 자신은 물론 자녀들도 행복해지는 경험을 했다. 〈아이들의 행복은 부모의 행복으로부터〉라는 독서 코칭 소감문 사례집까지 발간하게 되었다.

독서 코칭은 독서와 코칭 기법을 융합하여 만든 프로그램이다. 독서 코칭의 첫걸음은 자녀교육 관련 책을 읽은 뒤 자신을 성찰하고, 함께 모여 서로 의견을 교환하고 정보를 공유하는 것이다. 이어서 코칭 대화기법을 활용해 주 1회 실천과제를 선정해 실행하고, 그 결과를 함께 나눈다. 각자 자신이 정한 실천과제에 따라 실천하다 보면 어느새 '자녀와의 행복한 소통을 통하여 관계회복'이라는 독서 코칭의 목표에 도달하게 된다. 뿐만 아니라 자신의 게으르던 행동 습관의 변화, 흔들리던 자녀 교육관의 정립, 대화를 통한 부부관계 회복, 조

감사 나눔 교육이 쏘아올린 작은 공

부모의 손주 교육에 대한 포부, 감사 나눔을 통한 자아실현 등 독서 코칭에 의한 변화는 참 다양하다. 나는 코칭 자격증을 취득하고 '코치 부모교육 전문가 과정'을 배웠다. 이러한 코칭 과정을 배우고 난 후 코칭을 활용할 수 있는 프로그램을 찾다가 독서 코칭 프로그램을 우연히 발견했다. 그때 학부모들에게 독서 코칭을 하면 좋겠다는 생각이 들었다. 그것이 독서 코칭을 배운 계기이다.

독서 코칭의 출발점은 역시 오현초등학교였다. 학부모들에게 가정통신을 보내고 희망자를 모아서 일주일에 한 번씩 책과 함께 코칭 기법을 교육했다. 카페에 독서 코칭에 대한 소감문도 올리고 느낌도 간단하게 올렸다. 카페를 본 학부모들이 관심을 보여 더 많은 학부모들이 참석하게 되었다.

이후 학부모들이 적극적으로 참여하면서 주변에 알려지자 SBS 방송국에서 연락이 왔다. 〈신 어머니상〉이라는 프로그램에 우리 학교 어머님들이 하고 있는 독서 코칭 프로그램을 내보내면 어떨지 제안을 해왔다. 개인적으로 방송이나 신문에 나오는 것을 별로 좋아하지 않았기에 어머님들의 의견을 물었다. 어머님들은 괜찮다고 했다. 어머님들의 허락을 받고 방송 출연을 결정했다. 촬영은 하루 종일 이어졌는데, 어머님들은 즐겁게 임했다. 코칭으로 변화된 사실과 코칭을 하면서 느낀 점, 알게 된 점 등이 방송에서 다루어졌다. 이렇게 매스컴까지 타게 되면서 이웃학교 학부모들까지 독서 코칭에 동참하게 되었다.

독서 코칭 진행 방법을 소개한다. 우선 자녀 관련 도서를 선정해서 2주에 한 권씩 책을 읽는다. 일주일에 읽을 분량을 안내하고 읽은 내용 중에서 공감하는 부분을 나눈다. 저학년과 고학년이 함께하다 보니 더 효과가 좋았다. 고학년 어머님들의 경험담이 저학년 어머님들에게 많은 도움이 되는 것이다. 책을 읽고 이야기를 나눈 후 코칭 기법을 적용해서 대화 기법을 배우고 실습을 한다. 실습을 한 후 오늘 수업을 통해 배우고 느낀 것을 중심으로 다음 한 주 동안 실천해야 할 실천 과제를 정한다.

독서 코칭을 하는 동안에는 충고나 조언, 지시를 하는 것은 지양한다. 서로에게 공감해주고 배려해주며, 응원과 격려를 보낸다. 인정과 칭찬도 아끼지 않는다. 이렇게 서로에게 긍정의 메시지를 나누면 분위기가 아주 따뜻해진다. 코칭이 끝날 때 학부모들의 얼굴에는 만족과 행복과 자신감이 가득 찬다.

자양초등학교에서도 학부모들에게 독서 코칭을 했다. 4년 동안 독서 코칭을 하면서 어머님들의 많은 변화를 이끌어냈다. 여러 변화 중에서도 어머님들이 아이들과는 물론이고 남편, 부모와도 인간관계가 좋아진 것이 가장 두드러진다. 특히 감사 관련 책을 읽고 나서 이야기를 나누고, 또 감사 실천을 하는 과정에서 더 많은 변화가 이루어졌다. 감사, 자신의 성장 변화, 관계 회복 등이 실현되었다.

어머님들이 독서 코칭으로 변화된 바를 적은 소감문을 소개한다.

감사 나눔 교육이 쏘아올린 작은 공

독서 코칭 수업 안녕~ ✏️
6학년 위태영, 위태정의 어머니

독서 코칭 수업에 참여한 지 거의 1년이 다 되어갑니다. 학교 일만으로도 바쁘실 텐데 학부모들을 위해 기꺼이 시간을 내주시고, 언제나 밝은 모습으로 즐겁게 진행해주시는 모습에 깊은 감명을 받았습니다.

처음 독서 코칭에 참여하게 된 이유는 내가 과연 우리 아이들을 잘 키우고 있는지 되돌아보는 시간을 갖고 싶었기 때문입니다. 또 우리 아이들이 앞으로 살아가는 데 부모로서 어떤 역할을 해야 할지 생각하는 시간을 갖고 싶었습니다. 추천해주신 책을 읽으면서 제 자신의 생각, 말, 행동을 떠올려보며 잘했던 점과 잘못했던 점을 되새길 수 있었습니다.

매주 한 가지씩 실천사항을 정해 실천하는 것은 부담스러우면서도 보람찬 일이었습니다. 제가 가장 많이 실천한 것은 아이들에게 질문하는 것입니다. "이렇게 해."가 아니라 "어떻게 하면 좋을까?"라고 질문하면, 아이들은 스스로 해답을 찾고 스스로 행동했습니다. 그러니까 잔소리도 줄고 아이들과의 관계도 좋아졌습니다. 독서 코칭 수업을 통해 부모가 아이들에게 지시하고 방향을 정해주는 것이 아니라, 아이들 스스로 방향을 찾도록 코치 역할을 해야 한다는 것을 배울 수 있었습니다. 그래서 독서 코칭은 저에게 소중한 시간이었습니다.

교장선생님께서 항상 알차게 수업을 진행해주시고, 경험에서 우러

나온 귀한 말씀으로 많은 가르침을 주셔서 진심으로 감사드립니다.

감사 나눔을 통한 관계 회복

최서윤의 어머니

연초에 사소한 일로 인하여 올케 언니와 갈등이 빚어졌다. 교수라는 직업을 가진 언니는 가정에서도 가족들을 가르치려는 모습이 비쳤고, 그에 대한 나의 행동이 언니 눈에는 건방져 보였나 보다. 언니와 갈등이 있다 보니 오빠와의 사이에도 보이지 않는 불편함이 끼어들었다. 그것이 나를 힘들게 했다. 하루, 이틀, 사흘 동안 곰곰이 생각에 잠겼다.

'내가 무엇을 실수한 것일까?'

감사 나눔을 통해 언니의 잘못을 따지기 전에 나 자신을 다시 생각해 보았다. 내가 맞고 언니가 틀린 것이 아니라, 나와 언니가 다르다는 것을 알았다. 그래서 언니의 장점과 감사함을 찾아보았다. 누구보다 부모님 걱정을 많이 해주며 안부 전해준 일, 오빠 건강 생각하며 식단 짜서 맛있게 요리해주는 일, 시간 여유 있을 때 남편 업무 도와주었던 일, 멀리서 우리 안부 전해준 일 등 감사한 일들이 생각보다 정말 많이 있었다.

그 후로 모든 것들이 감사하게 느껴졌다. 감사는 서로가 다름을 인정하게 만들었고, 갈등도 해소시켜 주었다. 나 자신의 마음에도 평안함이 찾아왔다. 행복한 나 자신을 발견할 수 있었다. 언니와 나는 서로를 존중하며 관계를 회복했다. 언니와의 갈등은 감사의 소중함을 새삼 느끼는 계기가 되었다.

감사는 거창한 것에서 시작되는 것이 아니었다. 아주 작은 것에서부터 시작되는 것이었다. 나는 그것을 감사 나눔을 통해 알게 되었다. 끝으로 독서 코칭으로 감사 나눔을 가르쳐 주신 교장선생님께 감사를 전한다.

학부모 독서 코칭 프로그램에서 선정한 책 중에 감사 관련 책으로《100감사로 행복해진 지미이야기》를 읽었다. 학부모님들께 많은 영향을 끼친 책이다. 이 책과 관련해 기억나는 어머님이 두 분 있다.

한 분은 30년 동안 친정어머니와의 갈등으로 힘들게 살아온 어머님이다. 수업 시간에 부모님에게 감사 편지 쓰기를 했는데, 그 어머님은 어머니와 갈등이 심해서 감사한 것이 없다고 했다. 그러면서 감사 편지를 쓰고 싶지 않다고 했다. 나는 감사 편지로 어머니와의 갈등이 해소될 수도 있으니 써보자고 권했다. 어머님은 울며 겨자 먹기로 펜을 쥐었다. 그런데 감사한 것이 없다고 하더니만 막상 쓰다 보니 두 장이나 쓰게 되었다.

어머님은 주말에 친정어머니를 만나 그 감사 편지를 전했다. 그리고 어머니와 함께 하룻밤을 지냈다. 놀랍게도 그 하룻밤 새에 30년 동안 쌓였던 갈등을 풀게 되었다. 그 이야기를 들으면서 함께 수업을 했던 어머님들 모두 눈시울이 뜨거워졌다. 나도 가슴속으로 주르르 눈물을 흘렸다. 감사 편지 하나로 어머니와의 30년 묵은 갈등을 해소하고 관계 회복까지 하다니! 정말 기적 같은 일이었다. 그때의 감격, 지금 생각해도 울컥한다.

또 한 분은 아버지와의 사이가 많이 안 좋았다. 함께 살면서도 대화를 거의 하지 않는다고 했다. 그래도 부모님에게는 아무리 미워도 감사할 일이 많은 법이다. 그 법이 그 어머님에게도 효력을 발휘했다. 어머님은 아버지에게 쓴 감사 편지를 발표하면서 눈물을 빗물처럼 쏟아냈다. 그동안 꾹꾹 참아왔던 아픔의 눈물이었다. 울음을 그친 어머님은 쑥스러워서 아버지에게 감사 편지를 건넬 수 없다고 했다. 그러자 다른 어머님들이 아이디어를 냈다.

"간단한 선물을 사서 그 안에 편지를 넣어드리면 어떨까요?"

모두 좋은 의견이라는 데 동의했다.

용기를 얻은 어머님은 티셔츠를 선물로 사고, 그 선물상자 안에 감사 편지를 넣어 아버지에게 드렸다. 일주일 뒤 어머님에게 결과를 들을 수 있었다. 티셔츠와 감사 편지를 받은 아버지가 너무 고맙다고 하면서 따님을 붙들고 울었다고 했다. 두 분이 마주앉아 함께 울었다고 했다. 당연히 그동안 쌓였던 서운함은 눈물과 함께 씻기게 되었다. 이 또한 정말 기적 같은 일이 아닌가?

이와 같이 감사 편지로 얼어붙었던 감정을 녹일 수가 있다. 상처난 관계를 회복시킬 수가 있다. 나는 독서 코칭 수업을 통해 다양한 사례를 겪으면서 감사의 가치와 중요성을 다시 한 번 느끼게 되었

감사 나눔 교육이 쏘아올린 작은 공

다. 사람들 사이의 갈등을 해소하는 데에는 감사만 한 것이 없었다.

독서 코칭을 하면서 울고 웃던 그때가 지금도 그립고, 어머님들이 보고 싶다. 감사한 마음으로 행복하게 살고 있으리라 믿는다.

4

교사와 부모는
감사 나눔
교육의 주인공

01

나의 꿈과 선생님

초등학교 1학년 때의 선생님 덕분에 나는 초등학교 선생님이 되겠다는 꿈을 품었다. 이 꿈을 이루게 해준 선생님은 중학교 2학년 때 담임선생님이다. 선생님이라는 존재는 이렇게 한 사람의 꿈을 이루는 데 아주 중요한 역할을 한다.

초등학교 1학년 담임선생님은 항상 친절했고, 나에게 잠재되어 있는 자신감과 리더십을 발견하게 해주었다. 사랑과 열정으로 따뜻하게 대해주는 선생님을 보면서 나도 커서 아이들을 사랑으로 감싸주는 선생님이 되어야겠다고 마음먹었다.

나는 집에서는 말이 없고 얌전했다. 그런데 밖에만 나오면 누구보다 활발했다. 재미있게 놀 수 있는 아이디어도 잘 내서 친구들과 늘 즐겁게 놀았다. 시골에서 자랐기 때문에 요즘은 전통놀이 취급을 받는 그네뛰기. 사방치기, 고무줄놀이, 비석치기, 공기놀이, 제기차기, 구슬치기, 널뛰기, 연날리기, 썰매타기, 자치기 등을 실컷 즐겼다. 저녁 늦게까지 시간 가는 줄 모르고 놀기 일쑤였다. 어머니가 저녁 먹

교사와 부모는 감사 나눔 교육의 주인공

으라고 불러야 겨우 놀기를 그치곤 했다.

주말에는 가까운 동산에 자주 올랐다. 집 앞에 산이 있었는데, 친구들과 열심히 산을 올라 재미있게 놀았다. 무엇 때문에 그렇게 산에 올라갔는지는 모르겠다. 지금 산에 다니는 것은 주로 운동이 목적인데, 그 시절엔 그저 무언가 새로운 것에 도전하고 재미있는 시간을 보내려는 게 목적이었던 것 같다. 어렸을 때도 산에 올라가면 아주 기분이 좋고, 정상에 올랐다는 성취감을 맛보며 즐거워했다.

밤이면 친구들과 또 어울려 손뼉 치고 노래하며 즐겁게 놀았다. 밀가루로 빵과 호떡도 만들어 먹었다. 여름밤에는 호롱불을 들고 냇가로 가재를 잡으러 다녔다. 호롱불을 비춘 채 돌을 들추고, 돌 밑의 가재가 도망갈까봐 숨을 죽인 채 살금살금 손을 내밀어 잡았던 기억이난다. 지금은 할 수 없는 놀이이다. 참 좋은 시절이었다. 그때만 해도 물이 굉장히 맑고 깨끗했다. 지금은 물도 모두 오염되어 있어서 맑은 물은 강원도 산골짜기에나 가야 볼 수 있다.

이렇게 재미있게 놀고 저녁 늦게 돌아오면 공부를 해야만 했다. 밀린 숙제에 예습복습까지 하느라 아주 늦게까지 책상머리에 앉아 있었다. 부모님이 그만 공부하고 자라는 말씀을 자주 할 정도였다. 나는 놀기를 좋아했지만 그렇다고 공부를 소홀히 하는 아이가 아니었던 것이다. 이렇게 두 가지를 다 잘하려니 힘이 들기는 했지만, 실컷 놀면서 스트레스를 다 날렸기 때문에 공부하는 것이 즐거웠다.

나의 경험에 비추어, 자녀들에게 적당히 놀 시간을 주어 기분전환을 시킨 다음 공부하도록 유도할 것을 학부모들에게 권장한다. 앉아서 공부만 한다고 좋은 것만은 아니다. 요즘 대부분의 아이들은 부모님의 욕심 때문에 학원으로 내몰려 놀 시간이 없다. 친구들과 잘 어울리고 잘 노는 친구들이 공부도 잘한다. 학교 현장에서 직접 체험한 일이다. 또한 연구자들도 놀이학습에 대한 연구 결과 아이들이 잘 놀아야 공부도 잘한다고 발표했다.

나는 초등학교 4학년 때부터 운동을 했다. 달리기 선수와 핸드볼 선수였다. 지역의 군 대회에 항상 참가했다. 체육선생님은 나무막대로 채찍질을 하며 핸드볼 연습을 시켰다. 채찍질을 한 이유는 공을 가지고 드리블을 할 때 맨손으로 달리는 사람보다 더 빨리 달리라는 뜻이었다. 그렇게 연습한 결과 드리블 속도가 빨라졌다. 운동선수들이 우승하기까지 얼마나 힘든 과정을 겪는지를 여실히 느껴본 경험이었다.

중학교에 가서도 핸드볼 선수로 뽑혔다. 키도 크고 달리기도 잘하니 주자 역할을 해야 했다. 그 역할이 나는 버거웠다. 우선 집에서 학교까지 1시간 거리인데, 등하교만으로도 피곤했다. 게다가 아침부터 바쁜 시간을 보내느라 정신이 없었다. 선도부원을 맡았기에 일찍 등교해서 친구들의 복장 검사를 해야 했던 것이다. 거기에 학급 임원까지 맡아서 할 일이 너무 많았다. 방과 후 핸드볼 연습까지 하고 집에 돌아오면 파김치가 되었다. 피곤해서 공부에 집중하기 어려웠다. 공부할 시간부터가 부족해서 제대로 할 수 없었다.

'이러다가는 원하는 고등학교에 못 갈 거 같아.'

걱정스러웠다. 군 소재지에서 시에 있는 고등학교에 가려면 공부를 무척 열심히 해야 했다. 초등학교 선생님이라는 꿈을 이루려면 고등학교를 잘 가야 하는데, 운동을 계속하다가는 원하는 고등학교에 갈 수 없겠다는 생각이 들었다.

1학년 때는 참으며 운동을 했다. 그러다가 더 이상 참을 수가 없어서 2학년 1학기 때 체육선생님께 운동을 그만두겠다고 말했다. 체육선생님은 주자가 빠지면 안 된다며 내 이야기를 들어주지 않았다. 몇 번을 말했지만, 번번이 거절당했다. 할 수 없이 담임선생님께 사정을 했다.

"선생님, 저는 공부를 해야겠어요. 운동을 그만할 수 있도록 체육선생님께 말씀해주세요."

담임선생님은 나의 간곡한 부탁을 들어주었다. 얼마 뒤 체육선생님께 허락을 받아냈다는 소식을 전했다. 그 소식에 나는 뛸 듯이 기뻐했다. 선생님께 너무너무 감사했다.

나는 담임선생님의 기대에 어긋나지 않기 위해 공부를 더 열심히 했다. 나 자신과의 약속도 지키기 위해 정말 부지런히 공부했다. 그 결과 원하는 고등학교에 합격했다. 우리 학교 전체에 걸쳐 그 고등학교에 세 명밖에 합격하지 못했는데, 그중 한 명이 나였다. 내가 원하는 학교에 갈 수 있도록 배려하고 지원해준 담임선생님께 정말 감사했다.

그때 핸드볼을 계속했다면 나는 원하는 고등학교에 가지 못했을 것이다. 나의 꿈인 초등학교 선생님도 이루지 못했을 것이다. 나의 진로는 다른 방향으로 바뀌었을 것이다. 지금도 생각할수록 고마운 선생님, 나의 꿈을 이루는 데 길안내를 해준 선생님, 결코 잊을 수 없는 고마운 선생님이다. '선생님'은 이런 존재여야 한다. 아이들이 원하는 바를 들어주고, 상담과 코칭을 해주어야 한다. 꿈을 이루는 어른이 될 수 있도록 진심으로 도와주어야 한다.

고등학교에 들어가 자취를 하게 되었다. 자취생활은 처음이지만 나름대로 재미있었다. 평일은 자취방에서 보내고, 주말이면 집으로 갔다. 기차를 타고 다녔다. 멀미가 심해서 기차를 타도 멀미를 했다. 멀미를 막으려고 추운 겨울에도 기차 난간에 나와서 차가운 바람을 얼굴에 맞으면서 다녔다. 그래도 행복했다.

기차역에 내리면 친구들이 기다리고 있었다. 집에 오자마자 책가방을 던져버리고 친구들과 놀러 다녔다. 어머니는 그런 내게 매번 말했다.

"너는 친구들 만나러 집에 오니?"

어머니에게 미안했지만 친구들이랑 놀아야 직성이 풀렸다. 그렇게 친구들이랑 신나게 놀면 공부가 훨씬 잘됐다.

가장 기억에 남는 한 가지 추억이 있다. 동네에서 노래대회가 열렸다. 두 친구와 함께 무대에 올라가 노래를 불렀다. 저녁에 노래를 부르고, 새벽기차를 타고 학교에 갔다. 그다음 날 노래대회 예선에 합격했다는 연락이 왔다. 기분이 좋았다. 하지만 재미로 한번 해본 것일 뿐 본선에까지 나갈 생각은 없었기 때문에 그냥 웃고 말았다. 지금 생각하면 어디서 무대에 오를 용기가 나왔는지 도무지 이해가 가

교사와 부모는 감사 나눔 교육의 주인공

지 않는다. 친구들로 인해 힘을 얻었나 보다. 그 친구들은 지금도 만난다. 만나면 옛이야기로 웃음꽃을 피운다.

고등학교 3학년, 진로를 결정해야 할 시기를 맞이했다. 나는 교대를 가기로 마음먹었다. 오빠와 부모님은 영어교육과에 가기를 원했지만, 어릴 적 꿈인 초등학교 선생님이 되겠다는 마음은 흔들리지 않았다. 나는 내 의지대로 행동해 교대에 합격했다. 그리고 졸업 후 내가 꿈꾸던 초등학교 교사가 되었다.

어느덧 교직생활로서 41년이라는 세월을 보냈다. 그 오랜 시간 동안 한 번도 이 직업을 그만두어야겠다는 생각을 해본 적이 없었다. 교사는 나의 적성에 맞는 천직이라고 생각한다. 이러한 투철한 직업정신을 갖추게 된 것도 역시 두 분 선생님 덕분이다. 리더십을 발휘할 수 있도록 용기와 자신감을 심어준 초등학교 1학년 담임선생님과 나의 이야기에 귀 기울여주고 꿈을 이루게 해준 중학교 담임선생님! 두 분의 선생님에게 감사의 말이 절로 나온다. 지금은 어디에서 무엇을 하고 계실까?

선생님, 감사합니다!

02

월드컵과 칭찬의 힘

2002년 월드컵 축구 대회는 '새로운 천년, 새로운 만남, 새로운 출발'이라는 가치 아래 21세기 들어 처음으로 열린 전 세계인의 축구 대회였다. 푸른 잔디가 깔린 경기장, 그 속에서 우리는 대한민국을 외쳤고 "오, 필승 코리아"를 외쳤다. 대한민국은 월드컵 사상 처음으로 4강에 진출하는 성과를 거두었다.

그해 6월은 온 국민이 흥분과 열광의 도가니에 휩싸인 한 달이었다. 월드컵 16강 진출 목표를 넘어 4강까지 올라갔기 때문에 더욱더 온 국민의 마음을 울렸던 것이다. 그때 온 국민의 상징이었던 붉은 악마의 모습을 잊을 수가 없다. 너나 할 것 없이 붉은 티셔츠를 입고 선수들을 향해 목이 터져라 응원했던 그날의 감격을 어찌 잊을 수가 있으랴. 월드컵 축구 대회에서의 승리는 온 힘을 다해 응원과 칭찬을 아끼지 않았던 붉은 악마들의 덕분이었을 것이다. 붉은 악마들의 함성이 선수들 가슴에 뜨겁게 울려 펴졌기 때문이라고 생각한다. 칭찬과 응원의 힘은 상상할 수 없을 만큼 크다.

교사와 부모는 감사 나눔 교육의 주인공

월드컵 열기는 초등학교에서도 뜨거웠다. 교장선생님은 감사하게도 월드컵 경기를 볼 수 있도록 TV를 설치했다. 선생님들도 학생들도 모두 붉은 티셔츠를 입고 강당에 모여 함께 응원했다. 경기 중 아쉬운 장면이 나올 때마다 일제히 안타까움의 탄성을 터뜨렸다. 골이 들어갔을 때는 모두 일어나서 강당이 떠나가라 크게 함성을 질렀다. 서로 붙들고 펄쩍펄쩍 뛰었다. 기쁨과 눈물이 함께 교차했다.

거리거리도 흥분의 도가니였다. 사람들은 대한민국을 외치며 거리를 달렸고, 차들은 태극기를 달고 달렸다. 버스가 못 다닐 만큼 사람들이 거리를 가득 메웠지만 불평하는 사람은 드물었다. 그때만큼 온 국민이 한 마음이 되었던 적이 또 있었을까?

축구대표 선수들이 4강까지 오를 수 있었던 배경에는 히딩크 감독의 칭찬이 있었다고 생각한다. 히딩크 감독은 선수 개개인의 장점을 찾아주며 칭찬을 아끼지 않았다고 한다. 해낼 수 있다는 믿음을 심어주고 칭찬과 격려로 용기를 주었기에 선수들은 힘을 낼 수 있었을 것이다. 특히 박지성 선수가 좋은 성과를 낼 수 있었던 것도 "잘할 수 있다"는 감독의 격려 덕분이었다고 생각한다. 사실 히딩크 감독만 선수들을 칭찬한 것은 아니었다. 온 국민이 열심히 뛰는 우리 선수들에게 칭찬을 아끼지 않았다. 그래서 가장 행복했던 한 해가 아니었나 싶다.

칭찬은 정말 힘이 세다. 일상생활에서도 큰 힘을 발휘한다. 일터에서 직원들에게 칭찬을 해준다면 좋은 성과를 낼 수 있다. 직원들 스스로 내면에 있는 잠재력을 찾아내 능력을 발휘할 수도 있다. 사람은 인정받고 싶은 욕구가 무척 강하다고 한다. 어른도 칭찬을 받으면 기분이 좋은 법이다. 하물며 어린 아이들에게는 얼마나 좋은 효과를 가져오겠는가?

그런데 안타깝게도 칭찬의 방법을 잘 모르는 부모님들이 의외로 많다. 부모님들은 자녀들에게 결과만 칭찬하는 경우가 많은데, 이러면 오히려 부정적인 효과를 가져올 수도 있다. 자녀가 결과에만 치중하며 과정을 무시하는 마음을 먹을 수 있다. 수단 방법을 가리지 않고 결과만을 중요시 하게 될 수도 있다. 이러한 경우 목표에 도달하지 못했을 때 자신감을 잃고 실망하게 될 가능성이 높다.

부모가 과정과 노력에 대하여 칭찬을 해준다면 이러한 부작용을 예방할 수 있다. 과정과 노력에 대해 칭찬받은 아이는 목표에 도달하지 못하더라도 긍정적인 에너지를 발휘할 수 있다. 나아가 실패를 거울삼아 훨씬 좋은 성과를 낼 수도 있다.

또한 자녀가 잘한 점에 대해서 계속 칭찬해 주고, 그에 따른 적절한 보상을 해주는 것도 효과적이다. 그러면 자녀는 한결 바른 행동을 하게 된다. 사람은 자신이 일을 잘했을 때 칭찬을 받고 긍정적인 보상을 받으면 그 잘한 행동을 계속 잘하고 싶어 하는 심리가 있다. 부모님들은 자녀교육을 할 때 지적과 꾸지람을 많이 한다. 그 이유를 물으니, 욕심대로 잘 안 되기 때문에 그런다고 한다. 사람은 지적을 받으면 그 일을 잘할 것 같지만 실제로는 부정적인 마음이 더 많이 생긴다. 아이들도 마찬가지이며, 특히 요즘 아이들은 더욱 그러하다. 지시하고 충고하고 잔소리하는 것을 너무 싫어한다. 따라서 부모님들은 지적과 꾸지람의 에너지를 칭찬에 쏟고자 노력해야 한다.

교사와 부모는 감사 나눔 교육의 주인공

지적과 꾸지람을 하고 싶은 순간 자녀들과 대화를 시도해보자. 자녀의 마음을 공감해주려 노력하다 보면, 자녀는 자신의 속마음을 스르르 열어놓을 것이다. 이런 대화법이 바로 코칭 대화 기법이다. 코칭 핵심 기술의 하나인 인정, 칭찬만 잘해도 아이들은 긍정의 태도와 자신감으로 살아갈 것이다.

자녀가 5명인 어머님을 8회기에 걸쳐 코칭을 한 적이 있었다. 가정형편이 어려운 상태에서 5명을 키우다 보니 너무나 지쳐 있는 상태였다. 독박육아의 굴레에 빠진 어머님은 아이들 하나하나에 신경을 쓸 여력이 없었다. 그러다 보니 정서적으로 많은 불안을 겪는 아이도, 엄마와 대화를 꺼리는 아이도 생겨났다. 어머님은 어떻게 아이들을 키워야 좋을지 모르겠다며 하소연을 했다. 나는 어머님에게 질문했다.

"어머님이 원하는 아이들의 모습은 어떤 건가요?"

"아이들이 엄마 말을 잘 들으면 좋겠어요."

어머님의 대답에 나는 또 이렇게 질문했다.

"혹시 아이들에게 칭찬은 어떤 방식으로 해주시나요?"

"칭찬을 해준 적이 없네요. 매일 꾸중만 했어요. 맘에 안 드는 구석만 보여서 화내고, 잔소리하고……."

이에 대해 내가 질문한 것은 감사와 칭찬이었다.

"아이들 한 명 한 명에게 감사한 것은 어떤 것이 있는지, 또 칭찬해줄 것은 어떤 것이 있는지 생각해 보셨나요?"

어머님은 나의 질문에 5명의 아이들에 대해서 감사한 것과 칭찬할 것을 하나하나 찾아서 적었다. 우리는 그것을 적은 느낌에 대해 또 이야기를 나누었다. 그때 어머님은 이렇게 말했다.

"우리 아이들한테 감사한 것이 참 많네요. 칭찬할 만한 일들도 많고요. 그런데 지금까지 한 번도 고맙다는 말이나 칭찬의 말을 해준 적이 없어서 너무 미안해요."

나는 어머님에게 그날의 실천과제를 정하도록 했다. 집에 돌아가면 아이들에게 감사와 칭찬 목록을 보여주고, 칭찬하면서 안아주겠다고 했다. 또한 일주일 동안은 아이들의 못마땅한 행동에도 꾸짖지 말고 칭찬할 일만 찾아서 칭찬하겠다고 했다. 그리고 일주일 후 만났을 때 어머님은 다음과 같은 말을 들려주었다.

"일주일 동안 마음에서 올라오는 화를 참고 칭찬거리를 찾아 칭찬을 했더니, 아이들이 굉장히 좋아했어요. 그중에서도 큰아들이 제일 좋아하더군요."

8회기 마무리를 하면서 어머님에게 소감을 물었다. 어머님은 그동안 부정적인 생각과 불만으로 가득 차 있었는데, 아이들에게서 감사한 것을 찾고 칭찬을 하다 보니 생각이 긍정적으로 바뀌었다고 했다. 아이들과의 관계도 많이 좋아졌다는 말도 덧붙였다. 삶이 새로워졌다며 내게 감사의 인사도 건넸다.

어머님의 이야기에 나는 가슴이 찡했다. 감사와 칭찬으로 어머님의 가족이 소통하고 행복해지는 모습을 보면서 감사와 칭찬은 사람을 변화시킬 수 있는 정말 좋은 도구라는 생각이 들었다. 그리고 확신했다. 감사와 칭찬은 결코 우리를 배신하지 않는다는 것을.

03

왜 감사 십계명인가?

감사 교육을 좀 더 잘하기 위해 감사 나눔 신문사에서 주최하는 감사 포럼에 교무부장님과 함께 참석했다. 그날 포럼에서는 제갈정웅 전 대림대 총장님의 강의가 있었다. 총장님은 여러 가지 감사 실험에 대해 소개했다.

먼저 밥 실험이다. 이 실험은 감사 교육을 하는 분들은 한 번씩 다해본 실험이다. 두 개의 밥그릇에 밥을 넣고, 한쪽에는 "감사합니다"와 "사랑합니다"를 이야기하고, 다른 한쪽은 짜증스러운 나쁜 말을 하는 것이다. 이 실험 결과 좋은 말을 들은 밥에는 곰팡이가 덜 피고, 나쁜 말을 들은 밥에는 곰팡이가 심하게 피어났다고 한다.

총장님은 자신이 몸소 진행한 실험에 대해 말하기도 했다. 대림대학생들을 중심으로 감사 일기를 쓴 학생들과 쓰지 않은 학생들의 성적을 비교한 실험이다. 우위에 선 것은 감사 일기를 쓴 학생들이었다.

칠드라 박사와 하워드 마틴 박사의 〈심장공식의 해법〉이라는 논문에 인용된 심장 박동에 관한 실험도 소개했다. 이 실험은 감사함을 느낄 때의 심장박동과 분노를 느낄 때의 심장박동을 조사한 것이다. 분노를 느낄 때의 심장박동은 혼란스럽고 불규칙한데, 혈관이 수축되고 혈압이 올라가는 증상이 나타난다고 한다. 하지만 감사함을 느낄 때의 심장 박동은 규칙적이고 주기적이며, 또한 평온하다. 이 실험 역시 감사하는 마음의 중요함을 알려준다.

《물은 답을 알고 있다》라는 책에서는 우리가 사용하는 말에 따라 물의 결정의 모양이 변한다는 사실을 알려준다. 긍정적이고 좋은 말을 해줄 때 물은 예쁘고 아름다운 결정체를 만들고, 비난이나 짜증이 담긴 말을 해줄 때는 흉하고 못생긴 결정체로 바뀐다. 고운 말, 긍정의 말, 감사의 말이 지닌 힘을 보여주는 것이다.

정신의학자이자 신경과학자인 에이멘 박사는 뇌의 단층 촬영을 통해 우리의 생각이나 감정, 행동이 뇌의 기능에 많은 영향을 준다는 것을 밝혀냈다. 부정적인 생각을 했을 때 뇌에 흘러드는 혈류량의 사진을 보면 혈액의 양이 감소한 것이 보인다. 특히 아랫부분 소뇌의 혈류량이 눈에 띄게 줄어든다. 반면에 감사를 느낄 때 뇌의 혈류량은 부정적인 생각을 할 때보다 크게 증가한다. 에이멘 박사는 우리가 감사한 마음을 가질 때 뇌의 활동이 활발해지고 기능을 최대한 발휘할 수 있다고 한다.

이와 같은 여러 가지 실험의 결과를 보면 감사의 마음이 사람에게 얼마나 많은 영향을 주는지 알 수 있다. 나는 학교에서 아이들을 교육할 때 이러한 과학적인 근거에 의한 실험 내용을 보여준 뒤 감사하는 마음을 갖고 좋은 언어를 쓸 수 있도록 지도했다. 실제적인 실험

상황을 보여주니 아이들은 감사에 대해 쉽게 이해하고 편하게 받아들였다. 물론 실천도 하게 되었다.

총장님의 또 다른 강의는 '감사 실천 십계명'이었다. 나는 이 강의 내용을 학교 현장에서 실천하고 성공을 거두었다.

감사 실천 십계명은 다음과 같다.

제1계명: 먼저 생각으로 감사하라

진정성 있는 감사를 해야 한다는 말이다. 무엇이 감사한지 알고, 감정으로 느끼고, 의지적으로 행동할 것을 요구한다. 즉 감사함을 말이나 글로 표현하는 것으로, 감사 노트도 이에 해당된다. 우리 학교 학생들은 감사 노트를 쓰면서 글로, 또 말로 감사표현을 잘하게 되었다. 한 예로, 등교 지도를 할 때 칭찬을 해주면, 아이들은 "감사합니다!" 하며 자연스럽게 답례를 했다.

제2계명: 작은 것부터 감사하라

처음에는 특별한 감사거리를 찾으려고 했다. 그러다 보니 시간이 많이 걸렸다. 감사 일기를 계속 쓰다 보니 주변의 작은 일에도 감사한 마음이 들고, 그 내용을 감사 일기에 쓰게 되었다. 일상생활에서 작고 사소한 것에서 감사를 찾아보자. 감사 일기 쓰기에 가장 쉽게 접근할 수 있는 방법이다.

1학년 아이들이 감사 노트에 쓴 글 중 기억에 남는 것이 있다. "열쇠야, 집 문을 열어주어서 고마워.", "우산아, 비를 맞지 않게 해주어서 고마워.", "맛있는 급식을 먹을 수 있어서 감사합니다." 등이다. 작은 것에 감사하는 아이들의 마음이 참 예쁘다고 생각했다.

제3계명: 자신에게 감사하라

자신을 귀하게 여기는 사람은 마음가짐과 몸가짐을 바르게 한다. 자신을 하찮게 여기는 사람은 몸과 마음을 함부로 굴린다. 자신을 사랑하는 마음이 있어야 다른 사람도 사랑할 수 있다. 자신에게 주어진 여러 가지에 감사함을 가져야 주변의 다른 사람에게서도 감사함을 찾을 수 있다. 그러므로 자신에게 감사한 마음을 갖는 것은 참으로 중요하다.

제4계명: 일상에 감사하라

매일매일 살아가는 일상생활에 감사하는 것이다. 하루하루를 건강하게 살아갈 수 있음에 감사해야 한다. 아침에 일어나서 출근할 수 있음에 감사해야 한다.

감사생활을 하기 전에는 이렇게 하루하루의 삶이 소중하고 감사한 일인지 깨닫지 못했다. 감사 교육을 하면서 감사를 찾다 보니 모든 일상에 너무나 감사한 마음이 들었다. 내가 숨 쉬고, 걷고, 달리고, 맛있는 음식을 먹을 수 있는 일상이 정말 감사했다.

교사와 부모는 감사 나눔 교육의 주인공

제5계명: 시련에도 감사하라

시련에도 감사하기는 사실 실천하기가 쉽지 않다. 어려움이 있고 힘든 상황에서 감사함이 나오겠는가? 하지만 감사를 실천한 많은 사람들은 시련에도 감사하면 시련을 잘 극복할 수 있다고 한다.

제6계명: 더불어 감사하라

감사는 혼자 하기는 어렵다. 굳은 결심과 노력이 필요하다. 주변 사람들과 더불어 감사하면 끈기 있게 감사를 실천할 수 있다. 그런 의미에서 학생, 교사, 학부모 모두에게 감사 교육을 실시한 것은 참 잘한 일이다. 교육 공동체 모두가 서로서로 긍정의 에너지를 주고, 함께 손을 잡고 나아갔기에 4년 동안 끈기 있게 감사 글을 쓸 수 있었던 것이다. 선생님들은 항상 아이들에게 칭찬과 격려를 해주었다. 학부모들은 가정에서 아이들에게 감사 글 쓰는 것에 대해 자신감과 용기를 심어주었다. 모두가 더불어 노력한 결과다.

제7계명: 감사 근육을 키워라

1단계는 '조건부 감사'다. '만약에~라면'이라는 조건을 달고 감사하는 것이다.

2단계는 '때문에 감사'다. 우리가 비교적 많이 사용하는 감사다. '나에게 무엇을 해주었기 때문에' 감사하다는 것이다.

3단계는 '~함에도 불구하고 감사'다. 가령 '넘어져서 왼팔을 다쳤음에도 불구하고' 오른팔은 다치지 않아서 감사의 마음을 갖는 것이다. 감사에 대한 관점을 바꾸는 것으로, 실천하기 어려울 수 있다. 이 3단계의 감사를 거치면서 감사 근육을 키워나가야 한다.

제8계명: 미리 감사하라

일어날 일에 대하여 또는 이루어질 것에 대하여 미리 감사하는 것이다. 항상 잘될 것이라는 기대를 갖고 감사의 마음을 갖는 것으로, 원하는 것이 있을 때 이루어진 모습에 대해 미리 감사하다 보면 삶이 편안해질 수 있다. 내가 체험을 통해 느낄 수 있었다.

제9계명: 하루의 시작과 마무리를 감사로 하라

아침에 일어날 때 건강하게 일어날 수 있음에 항상 감사한다. 저녁에는 하루 종일 나와 관계를 맺었던 모든 사람과 사물에 감사한다. 감사한 생각을 하면 행복하게 잠자리에 들 수 있다.

제10계명: 겸손함으로 허리 숙여 감사하라

항상 교만하지 말고 남을 나보다 낮게 여기는 겸손함을 가져야 한다. 그러면 상대방에게서 감사를 느낄 수 있고, 나아가 삶이 감사로 채워진다.

감사 실천 십계명을 마음에 새기자. 모두 실천하지 못하더라도 몇 가지만이라도 실천한다면 행복과 가까워질 수 있을 것이다. 감사의 과학적 근거를 믿고 감사 실천을 한다면 더 큰 감사가 따라올 것이다.

나는 감사 나눔 교육을 하면서 선생님들과 함께 아이들에게 감사 실천 십계명을 안내하고, 그중에서 쉽게 실천할 수 있는 계명과 그 방법에 대해 지도했다. 그 성과는 아이들의 말, 행동, 감사 노트에 고스란히 나타났다.

04

버츄 카드의 활용

학교에서 인성교육 프로그램으로 실시했던 또 하나의 프로그램은 버츄 프로젝트이다. '버츄(virtue)'란 힘, 능력, 위력, 에너지를 상징하는 라틴어 virtus(비르투스)에서 유래한다.

버츄는, 인성이라는 마음의 광산에 자고 있는 아름다운 원석이다. 그 원석이 깨어나 본래 지니고 있던 아름다운 성품이 드러나는 것이 미덕이다. 미덕은 내면에 잠재한 위대한 힘, 큰 '나', 잠자고 있는 거인, 다이아몬드다.

버츄 프로젝트는 인간을 근본적으로 선한 존재, 미덕을 가진 존재로 본다, 잠재력과 가능성을 가진 탁월한 존재로 본다. 이러한 버츄 프로젝트는 일상생활을 통해 쉽게 실천에 옮길 수 있는 실질적인 인성교육 프로그램이다.

버츄 프로젝트에서는 버츄 카드를 인성교육 도구로 활용한다. 내가 코칭 교육을 받을 때 이를 처음 접했다. 코치님이 버츄 카드로 코칭 교육을 실시했는데, 처음 라포 형성을 할 때 각자 마음에 드는 카드를 뽑고 자신의 생각과 느낌을 이야기했다. 카드를 활용하여 대화를 나누니 함께한 사람들과 금방 친숙해지고 가까워질 수 있었다.

코칭 수업이 끝나고 버츄 카드를 구입했다. 버츄 카드 속에는 감사, 겸손, 목적의식, 봉사, 사랑 등 전 세계 모든 문화권에서 소중히 여기는 52가지 미덕이 담겨 있었다. 버츄 카드는 가정, 학교, 직장에서는 물론 각종 상담이나 모임에서도 다양한 방법으로 활용된다. 그것은 우리의 내면을 일깨우고 강화시키는 강력한 도구다. 나의 경우에도 미덕의 보석함 버츄 카드가 스스로를 성찰하고 성장시키는 데 많은 도움을 주었다. 아침마다 잠에서 깨면 카드 하나를 뽑고 카드에 들어 있는 내용을 숙지한 후 내가 오늘 하루 어떤 마음으로 지내야 할지를 다짐하곤 했다. 자기 전에도 카드 하나를 뽑고 읽어본 다음 그 내용을 생각하며 잠자리에 들었다.

학교에서 어머님들과 독서 코칭을 할 때도 버츄 카드를 활용했다. 어머님들은 마음에 드는 카드를 뽑거나, 오늘 하루 마음에 두고 싶은 카드를 하나씩 뽑는다. 그 카드를 뽑게 된 이유를 말하고 카드 내용을 읽는다. 마지막에 '이렇게 다짐해 보세요'라는 부분을 읽은 뒤 오늘 하루 마음속에 그 내용을 기억하며 잘 지내겠다는 다짐을 한다. 본인의 카드뿐만 아니라 다른 사람이 뽑은 카드의 내용도 들으면서 많은 성찰을 하게 된다. 카드에 적힌 내용처럼 살려고 노력을 한다.

어느 날 교감선생님이 새로 부임해오셨다. 교감선생님에게 버츄 카드를 말씀드렸더니, 마침 교감선생님이 버츄 카드 협회 회원이었다. 교감선생님도 나도 무엇인가 번개처럼 스쳐가는 빛을 발견했다. 이 기회에 아이들에게 적용을 해보아야겠다는 생각이 번쩍 든 것이다. 교감선생님도 협회에서 강의를 다니고 있는 상황이어서 정말 좋은 생각이라고 서로 맞장구를 치며 기뻐했다.

선생님들 연수를 실시했다. 교감선생님이 버츄 카드 활용법에 대해 안내했다. 선생님들도 좋은 프로그램이라고 하면서 대부분 찬성했다. 희망하는 선생님들에게 먼저 구입해주기로 했다. 고맙게도 많은 선생님들이 구입 신청을 해주었다.

아이들에게는 미덕 통장 공책을 선물했다. 아이들은 아침에 등교하면 미덕 카드를 하나씩 뽑고 읽는다. 읽은 후 마음에 와 닿은 문장을 미덕 통장 공책에 적는 것이다. 이렇게 꾸준히 1년을 실천한 결과 선생님들의 반응이 매우 좋았다. 선생님들은, 아이들이 미덕 카드를 읽고 행동으로 실천하는 일이 인성교육에 많은 효과를 보았다고 평가했다.

나는 좋은 글을 읽고 그 내용을 실천하려 노력할 때 아이들의 심성이 고와진다는 것을 깨달았다. 이후 버츄 카드는 아이들뿐만 아니라 선생님들, 학부모들에게도 아주 좋은 인성교육 도구로 자리 잡게 되었다.

자양초등학교로 근무지를 옮겨서도 버츄 프로젝트 수업을 실시하기로 마음먹었다. 우선 전임 학교 교감선생님을 초대해 버츄 카드 활용법과 효과에 대한 연수를 부탁했다. 연수 후에는 희망하는 선생님들에게 버츄 카드를 구입해주었는데, 선생님들 대부분이 희망하였다.

마침 그해에 '9시 등교'가 시작되었다. 때문에 아침독서 시간을 할애할 수가 없었다. 고민 끝에 일찍 오는 친구들은 교실에 들어오면서 버츄 카드를 뽑아서 읽고 미덕 통장 공책에 쓰기로 했다. 아침에 버츄 카드를 읽지 못한 친구들은 쉬는 시간을 활용해 쓰도록 했다. 생각보다 아이들은 열심히 썼다. 잘 쓰기도 했다. 미덕의 내용을 행동으로 실천하려고 노력하는 모습도 보였다.

미덕 카드의 첫 번째 언어는 '감사'이다. 미덕의 언어가 가, 나, 다 순으로 되어 있는 관계로, 감사가 제일 앞에 온다. 나는 감사가 첫 번째로 나오는 것에도 감사한 마음이 들었다. 사소하고 작은 것에도 감사하는 습관을 가지다 보니 그런 것조차 감사했다. 여하튼 감사와 더불어 다양한 미덕의 언어를 아이들이 활용하면서 긍정적인 언어를 쓰는 모습을 자주 보게 되었다.

1학년에서도 좋은 성과를 얻었다. 한번은 공개수업 때 교무부장님이 1학년 아이들을 대상으로 버츄 카드를 활용한 수업을 진행했었다. 솔직히 나는 '1학년을 데리고 버츄 카드 활용 수업이 가능할까?' 하는 의문을 품었다. 그러나 수업을 보면서 깜짝 놀랐다. 학교 들어온 지 얼마 되지 않고 글도 겨우 읽는 코흘리개들이 버츄 카드에 있는 언어를 활용하여 발표를 잘하고 있었다. 공개수업에서는 친절, 봉사, 협동, 배려, 감사, 사랑, 도움, 예의, 용기, 정돈, 정직, 용서 등 다양한 미덕의 언어들이 튀어나왔다. 나는 1학년 어린 아이들도 선생님이 단어의 뜻을 설명하고 잘 지도하면, 일상생활에서 활용을 잘할 수 있다는 것을 느끼게 되었다. 공개수업을 멋지게 진행한 교무부장님에게 참으로 감사한 마음이 들었다. 미덕의 언어를 활용해 1학년 아이들이 올바른 생활태도를 기를 수 있도록 지도해주신 점에 더더욱 감사했다.

1학년의 버츄 카드 공개수업은 다른 학년에도 자연스럽게 영향을 미쳤다. 이에 자극 받은 다른 학년 선생님들은 학급에서 나름대로 융통성을 발휘해서 수업 중이나 아침 시간, 쉬는 시간 등에 버츄 카드를 활용해 아이들을 지도했다.

그러던 중 학교 안 층계 벽면에 붙어 있던 오래된 속담들이 퇴색되어 보기 흉하게 변해버렸다. 모두 걷어내고 다시 깨끗하게 시트지를 붙이기로 했다. 그때 선생님들과 상의하면서 자연스럽게 나온 아이디어가 있었다. 미덕의 언어를 써서 활용하자는 것이다. 나는 미처 생각하지 못한 것을 선생님들이 수업에서 버츄 카드를 활용하면서 생각해낸 것이다. 좋은 아이디어를 썩힐 이유가 없었다. 곧 층계 벽면은 버츄 카드에 있는 미덕의 언어로 장식되었다. 누구나 층계를 오르내리면서 미덕의 언어를 보고 생각 할 수 있는 시간을 갖게 되었다. 나는 가끔 복도에서 아이들을 만나면 층계 벽면의 미덕의 언어에 관해 물어보곤 했다. 많은 친구들이 대답을 척척 잘해냈다. 생각보다 효과가 아주 좋았던 것이다.

나는 아침에 출근하면 제일 먼저 버츄 카드의 미덕 언어를 뽑았다. 뽑은 미덕의 언어를 마음속에 새기면서 하루를 지냈고, 저녁에 잘 지컸는지 감사 일기를 쓰면서 회상해 보았다. 나 자신의 마음을 움직이고 성장하게 만드는 정말 좋은 카드라고 생각한다.

선생님들도 버츄 카드 읽기에 열심이었다. 교무실에서는 아침마다 자신이 읽은 버츄 카드에 대해 생각을 나누는 것이 자연스러운 일상이 되었다. 선생님들과 소통하고 하루의 일과를 상의할 수 있어서 행복했다. 카드 하나로 정말 많은 것이 달라질 수 있었다.

《버츄 프로젝트 수업》의 저자를 학교로 초대한 적이 있었다. 저자는 버츄 프로젝트 수업에서 얻은 사랑의 에너지로 문제아를 미덕 천사로 바꾼 경험이 있는 분이다.

그 경험담을 비롯해 그 외 실천 사례를 우리 학교 선생님들과 듣게 되었다. 많은 선생님들이 큰 감동을 받았다. 나는 저자의 강의 후 희망하는 선생님들에게 《버츄 프로젝트 수업》을 선물하고, 학급에서 자유롭게 활용할 수 있도록 안내했다.

선생님들은 실제로 그 책의 내용을 수업에 적용했다. 아이들 하나하나를 보석으로 여기고, 보석의 이름을 불러주며 자존감을 높여주었다. 덕분에 평소 다른 아이에 비해 자존감이 낮았던 아이들, 의욕이 부족한 아이들, 감정을 잘 다스리지 못하는 아이들이 많은 변화를 일으켰다.

얼마 전 함께 근무한 선생님과 전화통화를 하게 되었다.

"교장선생님이 가르쳐주신 미덕 카드, 지금도 아이들과 열심히 활용하고 있습니다."

그 말에 속으로 얼마나 기뻐하고 감사했는지 모른다.

버츄 프로젝트는 감사 나눔 교육과 함께 인성교육에서 꼭 필요한 프로그램이라고 생각한다. 미덕의 언어 52가지 덕목 중에 가장 첫 번째로 등장하는 '감사'와 다양한 미덕의 언어를 아이들에게 활용하고 있는 모든 선생님들에게 감사하다.

05

무한한 가능성을
발견하다

　평교사 시절 과학부장을 맡은 적이 있었다. 과학부장을 맡은 것이 나에게는 커다란 부담이었다. 전임 과학부장님에게 자료를 인계받고 집에 와서 밤새 업무 파악을 했던 기억이 난다. 수학이나 과학 계통에는 흥미도, 재능도 없었기에 걱정이 많았다.

　다행히 전임 과학부장님이 친절하게 안내해주어서 업무 추진에 큰 어려움은 없었다. 문제는 교육청에서 내려오는 공문이었다. 발명반을 운영하라는 공문이 계속해서 내려온 것이다. 우리 학교는 발명반 운영을 하지 않겠다는 공문을 발송했으나, 교육청에서는 계속 발명반을 운영해야 한다는 지시를 내려보냈다. 할 수 없이 발명반을 운영할 선생님을 섭외했다. 마침 청소년 단체를 운영하는 젊은 남자 선생님이 감사하게도 발명반을 맡겠다는 의사를 밝혔다. 그 선생님 덕분에 발명반을 조직할 수 있었다.

　그런데 발명반의 첫 수업을 진행한 선생님이 청소년 단체와 시간이 맞지 않아 더는 할 수 없겠다며 양해를 구했다. 이미 학부모들의 동의서를 받고 발명반을 선발했기 때문에 운영을 안 할 수는 없었다. 할 수 없이 내가 맡아서 해야 했다. 그 당시 부장은 특활 부서를 맡지 않았지만 특활 시간에 발명반 운영을 해야만 했다. 무엇을 어떻게 할지 몰라서 어느 중학교의 발명반 담당 선생님을 찾아가 자문을 구한 후 운영을 했다.

겸임부장에 발명반까지 맡으니 정말 너무나 바쁜 시간을 보내야 했다. 일단 맡으면 최선을 다해 열심히 해야만 하는 나의 성격 탓에 수업이 끝난 후에도 열심히 발명반을 위한 준비를 했다.

그렇게 발명반을 운영하고 있던 어느 날 OM대회에 참석하라는 공문이 왔다. 도대체 무슨 대회인지 알 수가 없었다. 그때 당시에는 사람들에게 잘 알려지지도 않았을뿐더러 우리나라에서는 처음으로 시행하는 대회라고 했다. 어떻게, 무엇을 지도해야 할지 막막했다. 주변에 대회에 대해 아는 사람도 없었다. 나중에 알게 되었는데, OM대회는 세계 창의력 올림피아드(Odyssey of the Mind World Finals)였다. 세계 창의력 협회가 공인한 대한민국 국가대표 선발 대회 조직 위원회가 주최하는 공신력 있는 대회였다.

대회의 목적은 학생들에게 융합적인 시각에서 사물을 분석하는 방법을 터득하게 하고, 협동심과 배려심의 의미와 가치를 체험하게 하는 것이다. 또한 결과를 위한 무한 경쟁보다는 해결 과정을 중시하고, 창의력을 표현하는 장을 제공하는 데에도 중요한 목적이 있다.

그저 아이들에게 대회를 경험하게 해주고 싶었다. 이 마음이 아이들을 사랑하는 교사의 마음 아니겠는가? 교장선생님이나 교감선생님이 나가라고 지시한 것도 아니고, 학부모들이 자녀들을 참가시키면 좋겠다고 의견을 준 것도 아니다. 단지 내가 맡은 발명반 아이들에게 대회의 경험을 쌓게 해주고 싶었다.

대회 준비를 위해 고민하던 나는 과학 관련 도서를 검색했다. 그러다가 과학영재와 발명에 관심이 많은 회장님을 알게 되어 그분에게 조언을 얻고자 찾아갔다. 회장님은 《발명영재》라는 책을 한 권 건네주었다. 그러고는 그 책으로 발명반 아이들을 지도해보라고 했다.

그때 회장님이 했던 말이 지금도 생각난다.

"여자 선생님 중에 이렇게 발명반 운영을 하겠다고 찾아온 사람은 처음이에요. 선생님은 참 용감하시네요."

사실 특별히 용기가 있지는 않았다. 발등에 불이 떨어져서 용기를 내어 찾아갈 수밖에 없었던 것이다.

"OM대회는 우리나라에서 처음 시도하는 대회예요. 창의적인 아이디어로 열심히 지도해 보세요. 이 대회는 스스로 연습해 보는 방법밖에 없습니다."

회장님의 조언에 힘을 얻어 OM대회 나갈 준비를 했다. 우선 대회에 나갈 친구들을 뽑아야 했다. 그래서 창의적인 아이디어를 낼 수 있는 과제를 내서 시험을 보았다. 대회 참가인원이 5명이어서 시험을 보고 5명을 뽑았다 여자 1명에 남자 4명, 모두 5명이었다.

그 후 공문에 제시되어 있는 세 가지 과제를 하기 위해 아이들과 많은 노력을 기울였다. 솔직히 과제의 답도 몰랐다. 답을 아는 사람도 없었고, 어떻게 해야 하는지 물어볼 데도 없었다. 그냥 무조건 다양한 아이디어를 활용해서 만들어야만 하는 과제였다. 나는 발명반 아이들에게 우리는 그냥 경험으로 참가하는 데 의의를 두고 편하게 연습하자고 했다. 아이들은 내 말에 동의했다. 학부모들도 크게 반대하지 않았다.

그렇게 소박한 목표를 세운 뒤 방과 후에 남아서 매일 연습했다. 과제 가운데 하나는 '진동카' 만들기였다. 출발선에서 출발해 결승선에 있는 풍선을 빨리 터트리는 것이 관건이었다. 진동카를 수도 없이 만들었다. 처음에는 발을 네 개를 만들어보고, 속도가 느리면 발을 세 개로 만들어서 실험해보았다. 그야말로 이 과제는 만들어보지 않으면 답을 알 수 없는 과제였다.

또 하나의 과제는 민속놀이였다. 이 또한 답 없는 과제로, 어떻게든 아이디어를 내서 민속춤을 추면서 짧은 공연을 한 편 해야 했다. 과제를 위해 석촌 호수 주변에 있는 민속놀이 마당에 가서 탈을 만들고 시나리오를 작성했다. 다행히 어머님들이 많이 도와주어서 탈 만들기는 순조롭게 진행할 수 있었고, 시나리오는 아이들과 힘을 모으니 즐겁게 만들 수 있었다.

마지막 과제는 얇은 발사목에 어떻게 하면 바벨을 많이 올릴 수 있는가 하는 실험이다. 이것도 무게가 있는 바벨을 여러 방향으로 쌓아 올려 봐야 한다. 발사목이 너무 얇아서 조금만 잘못 쌓으면 금방 나무가 부서진다. 아이디어의 싸움이고 연습의 싸움이다.

이렇게 세 가지를 준비해야 하니 아이들도 나도 많이 지치게 되었다. 그런데 연습을 하다 보니 아이들은 욕심이 생긴 모양이었다. 나는 너무 욕심 부리지 말고 참가하는 데 의의를 두자고 했지만, 아이들은 무조건 매일 연습을 하자고 했다. 아이들이 더 열심히 달려드니 선생으로서 안 할 수가 없었다. 마침 부모님들도 적극 응원을 해주었다.

나는 아이들의 사고확장을 위해 질문을 많이 던져주었다.

"어떻게 하면 진동카를 빨리 갈 수 있게 만들까?"

"발사목에 바벨을 많이 올리려면 어떻게 해야 하지?"

직접 만드는 것은 아이들이 훨씬 잘했기에 내 역할은 용기와 격려를 해주는 것으로 충분했다.

아이들은 자신의 모든 아이디어를 동원해 열심히 만들었다. 여름방학 내내 휴가도 가지 않고 만들겠다고 했다. 나 역시 지금까지 여름방학 동안 하루도 쉬지 않고 이렇게 열심히 아이들과 무언가를 해본 적은 처음이었다.

이렇게 열심히 연습한 결과 진동카 영역에서는 전국 1위를 차지했고, 발사목과 공연에서는 3위에 올랐다. 이보다 더 기쁠 수 없는 수상이었다. 기대하지 않았는데 생각 외로 좋은 결과에 모두 놀랐다. 열심히 쉬지 않고 노력한 결과였다. 우리 아이들이 발휘한 창의력의 승리였다. 학교에서는 우수한 성적을 축하한다며 현수막까지 준비해서 아이들의 승전보를 널리 알렸다.

발명반 운영은 나에게 커다란 부담이었는데, 정말 소중한 상을 타고 보니 감개가 무량했다. 문득 발명왕 에디슨이 생각났다. 에디슨은 "나는 실패한 적이 없다. 나는 그저 안 되는 10,000가지 방법을 발견했을 뿐이다."라고 했다. 우리도 그랬다. 진동카를 만들며, 발사목을 실험하며 다양한 방법을 찾으려 노력했다. 발명왕 에디슨처럼 그것을 실패라 여기지 않았다. 만족할 때까지 인내심을 갖고 도전했다. 돌이켜보면 그 시절 발명반 아이들과 함께한 시간은 교직 생활 중에서 가장 열정을 쏟았던 시간이었던 것 같다. 성과도 가장 컸다. 물론 그 성과는 온전히 아이들의 열정 덕이었다.

아이들이 스스로 실험을 통해서 답을 찾아내도록 이끌어주어야 한다. 부모와 교사의 역할이 바로 그것이다. 스스로 깨닫고 스스로 알아낼 수 있도록 옆에서 적극적으로 응원하고 격려해야 한다. 교육은 학생, 학부모, 교사가 삼위일체가 되어야 한다. 발명반이 상을 타게 된 것도 우리가 삼위일체가 되었기 때문이다.

발명반 아이들이 만든 다양한 작품을 전시하면서 학부모들의 관심이 최고조에 이르게 되었다. 이듬해에 발명반에 들어오고 싶다는 학부모들의 전화가 많이 왔다. 하지만 아쉽게도 전보 인사 원칙에 따라 나는 발명반을 맡을 수 없었다. 강동에서 8년을 근무한 교사는 유임을 할 수가 없어서 강북의 다른 학교로 이동을 해야 했다. 기대를 품고 있던 학부모들에게 참으로 죄송한 마음이 들었다.

발명반 운영을 통하여 내가 느낀 점은 아이들에게는 무한한 가능성이 있다는 것이다. 발명반 아이들뿐만 아니라 모든 아이들에게는 무한한 가능성이 있다는 것이다. 그것을 믿고 아이들이 잠재력을 발휘할 수 있도록 안내해주는 것이 교사의 역할이다.

교사와 부모는 감사 나눔 교육의 주인공

아이들을 21세기가 요구하는 창의적인 글로벌 리더로 성장하게 해야 한다는 말들을 많이 한다. 나는 OM대회를 준비하면서 조금은 이 말을 실천했다고 자부한다. 아이들에게 실패를 두려워하지 않는 도전정신을 심어주려고, 남들이 가지 않은 길을 개척하는 용기를 심어주려고 노력했다. 또한 서로 배려하고 협동하지 않으면 좋은 결과를 얻기 어렵다는 진리도 가르쳤다.

5명의 아이들은 지금쯤 삼십대 성인이 되어 있을 나이다. 어디에선가 열심히 일하고 있을 것이다. 도전하고, 배려하고, 협동하는 삶을 살고 있으리라 믿는다.

06

100감사로 행복한 가정, 행복한 아이

두 자녀를 키우고 있는 어머니의 글을 소개한다. 자녀들에게 100감사를 선물한 어머니이다.

아들, 딸에게 보내는 특별한 선물

2학년 김지수, 4학년 김은우의 어머니

10월 5일, 11월 15일은 저에게 엄마라는 이름을 지어준 아들의 11번째, 딸의 9번째 생일입니다. 초등학교 4학년, 2학년 생일에 그동안 열심히 학교생활을 해준 것에 대한 보답으로 뭔가 특별한 생일선물을 해주고 싶었습니다.

고민을 하다가 지금껏 잠자기 전 5감사 쓰기를 했던 것이 생각났습니다. 그리고 '이번엔 100감사를 한번 써볼까?' 하는 생각이 문득 들었습니다. 한편으로는 '내가 아이에게 100가지나 되는 감사를 쓸 수 있을까?' 하는 의구심도 함께 들었습니다. 그래도 이것보다 더 값진 선물은 없을 거란 생각에 아이들을 학교에 보내고 식탁에 앉아 쓰기 시작했습니다. 거창하게 100감사를 쓰겠다고 마음먹었으나 처음에는 어떤 것부터 써야 할지 막막했습니다. 그래서 아이들과의 추억을 회상하기 시작했습니다. 아이들이 태어나던 날, 처음 엄마라고 불러 주던 날, 아픈 엄마를 대신해 저녁밥을 한다고 퐁퐁으로 쌀을 씻던 일……. 너무나 많은 일들이 떠올라 가슴이 벅차올랐습니다.

이 감정을 고스란히 담아 100감사를 쓰기 시작했습니다. 아침 9시부터 쓰기 시작한 100감사는 오후 3시가 넘어서야 마칠 수 있었습니다. 쉬울 거라 생각하진 않았지만 생각보다 100감사 쓰기는 많은 인내가 필요했습니다. 가운뎃손가락이 볼펜에 깊이 팰 정도였습니다. 그래도 100감사를 봉투에 담을 때는 아이들이 어떤 반응을 보일지 설레기까지 했습니다.

저녁식사가 끝난 후 아이들에게 편지를 건넸습니다. 아이들은 두툼한 편지봉투를 받고는 제 얼굴을 한번, 편지봉투를 한 번 번갈아 보며 머쓱한 표정을 지었습니다. 머쓱해하는 아이들을 보니, 직접 읽어주는 것이 효과가 크다는 어느 강사님의 말이 떠올랐습니다. 그래서 아이들에게 엄마가 읽어줄 테니 마주 앉자고 했습니다.

이제 편지를 읽을 차례였습니다. 그런데 종이를 마주하자 갑자기 가슴 깊은 곳에서 뭔가 뭉클한 것이 올라왔습니다. 숨이 막혀 아예 한 줄도 읽을 수가 없었습니다. 그런 저를 바라보던 아이들도 어느새 눈시울을 붉히고 있었습니다. 빨리 읽지 않으면 오늘 안에는 못 읽을 것 같았습니다. 심호흡을 크게 한 뒤 다시 마음을 다잡고 100감사를 한 줄씩 읽기 시작했습니다.

10번째 감사를 읽는 순간 아이들은 꺼이꺼이 울어버렸습니다. 저도 불쑥불쑥 감정들이 올라왔지만 꾹꾹 눌러가며 천천히 100감사를 다 읽었습니다. 100감사를 다 읽은 후 아이들과 저는 부둥켜안고 몇 분 동안 아무런 말없이 시간이 멈춘 듯 움직이지 않았습니다.

아이들이 저에게 이렇게 속삭였습니다.

"엄마! 이 선물은 영원히 잊지 못할 것 같아요. 감사합니다."

이 선물은 아이들을 위해 마련한 것인데, 저에게도 큰 선물이 되어 돌아왔습니다. 이제 곧 5학년, 3학년이 되는 아이들이 힘든 일이 있을 때마다 꺼내볼 수 있는 마법의 100감사 편지가 되길 바랍니다. 그리고 행복한 가정이 되면 좋겠습니다.

감사로 물들어가는 자양초등학교! 감사합니다!

나의 아들, 딸에게 보내는 100감사

1. 2007년 10월 5일 엄마의 아들로 태어나줘서 감사해.
2. 2009년 11월 15일 엄마의 딸로 태어나줘서 감사해.
3. 첫 이유식을 맛있게 먹어줘서 감사해.

교사와 부모는 감사 나눔 교육의 주인공

4. 고사리 같은 손으로 엄마의 엄지손가락을 잡아줘서 고마워.

5. 엄마를 보며 방긋방긋 웃어줘서 감사해.

6. 태어나 처음으로 혼자 앉아 잼잼잼~ 곤지곤지를 해줘서 고마워.

7. 온 방을 휘저으며 기어다니는 모습에 너무 감사해.

8. 첫 이가 무사히 나와서 감사해.

9. 작은 손으로 엄마의 얼굴을 만져줘서 고마워.

10. 대소변을 너무 예쁘게 보아서 고마워.

11. 처음으로 "엄마!" 하고 불러줘서 고마워.

12. 물건을 잡고 스스로 일어서줘서 고마워.

13. 첫 예방접종 할 때 울지 않고 방긋 웃어줘서 너무 고마워.

14. 스스로 몸 뒤집기를 성공해서 고마워.

15. 밤에 울지 않고 잘 잠들어줘서 고마워.

16. "아빠!" 하고 처음으로 불러줬을 때 너무 고마워.

17. 이가 여러 개 무사히 나와서 고마워.

18. 고사리 같은 손발에 너무나 예쁘게 자라는 손톱, 발톱도 고마워.

19. 한 발짝 두 발짝 걸어줘서 고마워.

20. 처음으로 먹는 맨밥을 잘 먹어줘서 고마워.

21. 엄마 등에 업혀 곤히 잠든 너희들에게 고마워.

22. 하루하루 행복함과 웃음을 주는 너희들에게 감사해.

23. 곧잘 걷는 것에 감사해.

24. 첫 어린이집 등교부터 항상 밝은 얼굴로 다녀줘서 감사해.

25. 애교가 너무 많은 너희들에게 감사해.

26. 말을 많이 배워서 재잘재잘 말하는 너희들에게 감사해.

27. 처음으로 나에게 노래를 불러줘서 감사해.

28. 엄마의 입에 먹던 과자를 넣어줘서 감사해.

29. 아장아장 걸으며 신나게 노는 너희들에게 감사해.

30. 발음이 정확하진 않지만 "사랑해."라고 말해줘서 감사해.

31. 김은우라는 이름을 갖게 되어서 감사해.

32. 김지수라는 예쁜 이름을 갖게 되어서 감사해.

33. 맛있게 먹던 과자를 엄마에게 건네주는 너희에게 감사해.

34. 항상 웃는 너희 얼굴에 감사해.

35. 무사히 기저귀를 뗄 수 있어서 감사해.

36. 엄마가 해주는 모든 요리를 잘 먹어줘서 감사해.

37. 어린이집을 잘 적응하고 다녀서 감사해.

38. 유치원을 잘 적응하고 다녀서 감사해.

39. 밤에 잘 때 힘차게 울어줘서 감사해.

40. 안을 수 있는 너희가 있어 감사해.

41. 춤추고 노래하는 너희들 모습에 너무 감사해.

교사와 부모는 감사 나눔 교육의 주인공

42. 그림을 예쁘게 그려 와서 보여주는 너희에게 감사해.

43. 자신감이 넘치고 씩씩해서 감사해.

44. 인사를 잘하는 너희들에게 감사해.

45. 은우의 첫 초등학교 입학에 감사해(은우에게 감사).

46. 가방을 사줄 수 있어서 감사해.

47. 좋은 학교 친구들을 만나서 감사해.

48. 첫 알림장을 쓰고 받아쓰기를 하는 것에 감사해.

49. 일기를 써 가는 모습에 감사해.

50. 처음으로 먹어본 학교급식이 맛있다고 해서 감사해.

51. 친구들하고 운동장에서 뛰어놀고 있는 모습에 감사해.

52. 반찬을 가리지 않고 채소를 좋아하는 너에게 감사해.

53. 여전히 잘 웃는 모습에 감사해.

54. 마음이 착한 너에게 감사해.

55. 노래대회에서 담담한 너의 모습에 감사해.

56. 힘든 일에도 좋은 생각을 할 줄 아는 너에게 감사해.

57. 학교에서의 모든 일을 잘 말해줘서 고마워.

58. 검도 도장을 열심히 잘 다녀줘서 감사해.

59. 아픈 엄마를 진심으로 걱정해줘서 고마워.

60. 하교 후 음료수를 사와서 엄마 주는 너에게 감사해.

61. 모든 일에 엄마와 상의해줘서 감사해.

62. 3학년이 되어서 너무 감사해.

63. 모든 일에 최선을 다해서 감사해.

64. 긍정적으로 생각하는 너에게 감사해.

65. 잘못한 일을 사과할 줄 아는 너에게 감사해.

66. 여자 친구 생긴 것을 말해줘서 감사해.

67. 4학년이 되어서 너무나 많은 변화가 생겨서 감사해.

68. 좋은 선생님을 만나서 감사해.

69. 회장으로서 책임을 다하는 너에게 감사해.

70. 잘 웃고 착한 너의 마음에 감사해.

71. 엄마를 위해 밥을 한다며 쌀을 퐁퐁으로 씻는 너의 모습
    에도 감사해.

72. 내가 너의 엄마라서 감사해.

73. 초등학교 1학년 입학에 감사해(지수에게 감사).

74. 걱정하는 마음과 달리 학교생활을 잘하는 너에게 감사해.

75. 시키지 않아도 열심히 공부할 줄 아는 너에게 감사해.

76. 엄마를 생각하는 예쁜 마음에 항상 감사해.

77. 너의 생각을 바르게 말할 줄 아는 너에게 감사해.

78. 독서기록을 잘해서 당당히 상을 받아온 너에게 감사해.

79. 항상 밝고 웃는 모습에 감사해.

80. 왼손잡이로 글씨를 예쁘게 써내려가는 너에게 감사해.

교사와 부모는 감사 나눔 교육의 주인공

81. 항상 사랑한다고 말해줘서 감사해.

82. 나 자신보다 가족을 먼저 생각해줘서 감사해.

83. 자존감이 강한 너에게 감사해.

84. 항상 사랑받고 있다고 생각해줘서 고마워.

85. 엄마가 제일 좋다는 것에 감사해.

86. 스스로 해결하려고 노력하는 모습에 감사해.

87. 우리 엄마는 항상 예쁘다고 말해줘서 고마워.

88. 엄마, 아빠의 사이를 좋게 해줘서 고마워.

89. 그림을 잘 그리는 것에 감사해.

90. 노래를 잘 불러서 고마워.

91. 피아노, 리코더를 잘해서 고마워.

92. 길거리에서 엄마를 위해 춤춰줘서 고마워.

93. 엄마가 우리 엄마라서 행복하다고 말해줘서 고마워.

94. 모든 시험에 백점을 맞아서 감사해.

95. 애교가 많아서 감사해.

96. 말을 조곤조곤 잘하고 소신이 있어 감사해.

97. 아침마다 등교 전 뽀뽀해주고 안아줘서 고마워.

98. 키가 많이 자라서 감사해.

99. 자신감이 많아져서 (발표) 감사해.

100. 마음이 착하고 잘못을 사과할 줄 아는 너여서 감사해.

감사 나눔으로
세상을 바꾸다

01

아이의 어떤 미래를 기대하나요?

7개월 된 딸아이를 사랑스럽게 안고 가는 아기 엄마에게 물었다.

"이렇게 예쁜 딸의 미래에 대해 생각해봤어요? 어떤 미래를 기대하나요?"

아기 엄마가 잠시 생각에 잠겼다가 대답했다.

"편견 없는 세상 속에서 자신의 뜻을 펼치고, 스스로 행복하다고 느끼며 살 수 있는 미래면 좋겠네요."

나도 그 아기의 미래가 제발 그랬으면 좋겠다.

내가 초등학교에 다니던 시절, 그 옛날의 아이들은 작은 것에 감사하고 무엇이든 소중하게 여겼던 것 같다. 그냥 학교 가서 친구들과 놀고 집에 와서 식구들과 어울리는 것에 감사했다. 좁은 방에 옹기종기 모여 잠드는 순간까지 함께 장난치고 이야기를 나눌 수 있는 것이 소중했다. 나는 매일매일 신나게 놀고, 떠들고, 나른한 행복감에 스르르 잠들었던 것으로 어린 시절을 기억한다.

감사 나눔으로 세상을 바꾸다

할아버지 할머니 세대의 근검절약으로 풍요의 시대를 맞이한, 현재 우리의 아이들은 어떠한가? 딱히 소중히 여기는 것도, 고맙게 여기는 것도 드물다. 언제든, 무엇이든 쉽게 얻을 수 있다는 생각을 기본적으로 갖고 있는 요즘 아이들은 좀 심하게 말하면 무책임하기도 하다. 어른들이 그렇게 만든 것이다. 학교에서 물건을 잃어버려도 찾아가지 않아 '잃어버린 물건 찾아주기' 시간을 따로 마련해서 방송을 해도 주인이 나타나지 않는다. 결국 폐기되는 물건들이 태산이다.

엄마 아빠는 하나둘뿐인 자기 자식밖에 모른다. 애지중지하는 내 아이만은 누구나 공주이고 왕자다. 그렇다고 우리나라 아이들이 지금 행복할까? OECD 조사 결과 물질적인 부분, 교육 여건, 생활양식 등은 평균보다 높았으나 아이들의 주관적 행복지수는 OECD 국가 중 최저로 나타났다. 22위로 최하위이다.

주관적 행복 지수를 정하는 근거들로는 건강, 학교생활에 대한 만족도, 자신의 삶에 대한 만족도, 외로움을 느끼는 정도 등이었다. 놀라운 것은 이 중에서도 행복지수가 아주 낮은 항목이 바로 '자신의 삶에 대한 만족도'였다. 짧은 시기에 눈부신 경제발전을 이룩한 결과 삶의 풍요로움은 증가되었으나 아이들의 행복감은 오히려 후퇴했다.

그렇다면 아이들은 어떨 때 행복하다고 느낄까? 돈이 많을 때도, 성적이 좋을 때도 아니었다. 바로 가족이 화목할 때였다. 행복을 위해 돈보다 화목한 가족을 중요 요소로 삼고 있다는 데에 나는 다소나마 작은 안도감을 느꼈다. 이런 아이들의 의견이 어른들에게 조금이라도 반영되리라는 기대감 때문이었다. 아이들이 돈이나 성적보다도 가족관계가 중요하다고 여긴다는 것은 불행 중 다행일지도 모른다. 여기에서 아이들의 행복한 미래를 여는 열쇠를 찾아야 한다.

OECD 국가 중 어린이의 주관적 행복지수가 가장 높았던 나라는 네덜란드이다. 그 이유를 살펴보니, 자연친화적인 환경도 한몫을 했겠지만 더욱 중요한 요소로 꼽힌 것은 부모와 자녀의 대화 시간이 충분하다는 점이었다. 네덜란드의 학부모들은 자칫 아이들이 스트레스를 받을 수 있는 학업에 관한 이야기는 멀리한다고 한다. 다른 다양한 주제로 대화를 나누는데, 특히 아빠와 많은 대화를 하며 충분한 시간을 보낼 수 있는 것이 그들 행복의 절대적인 요소였다. 게다가 안전한 초록빛 자연 안에서 마음껏 뛰어놀 수 있는 환경이 갖추어진 것도 네덜란드 아이들의 중요한 행복 요소로 꼽혔다. 스스로를 행복하다고 말하는 네덜란드 아이들이 한없이 부러웠다.

네덜란드 아이들과는 '행복 여건'이 다른 우리나라 아이들에게 어떻게 하면 행복한 미래를 보장해 줄 수 있을까? OECD 조사에서 나타난 것처럼 우리 아이들은 가족과의 좋은 관계를 원하고 있다. 그렇다면 좋은 관계를 위해서는 어떻게 해야 할까? 우리나라 부모들은 대부분 맞벌이다. 특히 아빠는 하루 한 번 얼굴조차 보기 힘든 경우도 많다. 우리 부모들은 이런 부모의 부재로 인한 공백을 맛있는 것이나 좋아하는 물건을 사주는 것으로, 조금 더 신경을 쓴다면 놀이공원 가는 것 정도로 보상하고 있는 실정이다. 문제는 아이에게 뭔가를 해주고 싶어 휴일에 애써 무거운 몸을 일으키는 부모들도 아이와의 따뜻한 관계 형성을 위해 무엇을 어떻게 해야 할지 감을 잡지 못한다는 것이다. 아이 주변에서 두 손을 비비대며 서성대는 것처럼 보인다는 점이다. 아이들과의 일상적인 관계형성이 안 되어 있어서 그런 것이다.

부모가 변해야 한다. 너무 상투적인 말 같지만, 부모는 좀 더 아이를 위해 고민하고, 아이의 눈동자를 가까이서 응시해주고, 무엇을 원하는지 들어주고, 더 부지런히 움직여주는 것이 기본이다. 그 기본을 지키려면 자녀를 위해 희생할 각오를 단단히 해야 한다. 우리나라의 척박한 노동 환경이나 어려운 경제 탓만 하다가 자녀와의 소중한 시간을 잃어서는 안 된다.

아이들이 커버리면 그때는 부모가 무언가를 해줘도 흡수력이 있는 유연한 아이로 남아 있지 않을 것이다. 아이는 아이의 상태로 기다려주지 않는다. 엉거주춤한 사랑을 받고 자라다 청소년을 거쳐, 금방 또 다른 예비부모로 훌쩍 성장해버릴 것이다. 우리 아이들의 미래를 위해서 머뭇거릴 시간이 없다.

자녀를 사랑하려면 부모는 스스로를 열어야 한다. 스스로를 여는 방법 중 으뜸은 감사하는 마음이라고 생각한다. 자녀에게 감사하자. 부모의 감사 고백에 뜨거운 눈물을 흘리는 아이들이다. 그런 사랑스러운 자녀에게 감사하자.

학교에서 감사 교육을 하면서 느낀 점이 하나 있다. 실제로 학부모나 아이나 서로에게 고마움을 품고 있으면서도 감사 표현을 잘 못하고 지낸다는 점이었다. 둘 다 습관이 안 되어 있기 때문이었다. 그러다 보니 부모 자식 간에 서로 고마워한다는 사실을 알지도 못한 채 소통에 어려움을 겪고 있었다. 감사 교육을 통해 감사 노트를 쓰면서 이 문제가 대폭 해소되었다. 가족끼리 소통하고 가족이 행복해지는 모습을 많이 볼 수 있었다.

그런데 부모가 먼저 자녀에게 감사를 표현했을 때, 소통과 행복이 더 빨리 찾아오는 경우가 많았다. 그러므로 자녀에게 감사하자. 우리 아이의 가정이 행복해야 우리 아이도 행복할 수 있다. 그 아이가 장차 우리 사회를 행복하게 만든다.

해마다 초등학교 입학생들이 줄어가는 현실을 보면 우리 아이들의 미래가 너무 외롭고 쓸쓸해 보인다. 아이들의 미래를 위해 아이들이 행복한 세상을 만들어주자. 아이들이 원하는 행복은 감사와 사랑이 넘치는 가족관계에서 꽃피어난다. 이를 잊어서는 안 될 일이다.

감사 나눔으로 세상을 바꾸다

02

'티칭'이 아닌 '코칭'으로
학교를 변화시키다

한국코치협회 홍보위원회 편집국장 김경화 님이 부족한 나를 인터뷰한 적이 있었다. 부끄럽지만 한국코치협회지에 실린 김경화 님의 글을 이 자리에 옮긴다.

무한경쟁, 왕따, 학교폭력. 언제부터인가 '학교' 하면 떠오르는 단어들이다. 부모와 교사가 변해야 아이들이 변하고 행복해지며, 학교도 본연의 모습으로 회복될 수 있지 않을까?

코칭의 매력에 푹 빠진 한 교장선생님이 코칭을 통해 학생과 학부모, 교사들을 변화시키면서 함께 행복 찾기를 하고 있다.

점심시간이 되면 오현초등학교 교장실에는 귀여운 손님들이 둘씩 짝지어 찾아온다. 이 학교 5학년, 6학년에 재학 중인 학생들이다. 막 식사를 마치고 온 학생들은 교장선생님과 함께 앉아 이야기를 시작한다.

'나의 꿈'에 대한 이런저런 이야기를 나누고, 교장선생님으로부터 질문도 받는다. 성금자 교장(현 서울 자양초등학교장)이 지난 학기까지 오현초 교장으로 재직하면서 1년 넘게 진행해온 아이들과의 코칭 현장이다.

성금자 교장은 교직 생활 중 '코칭'의 매력을 우연히 발견한 후 곧 코칭 마니아가 되었다. '상대방의 무한한 가능성과 잠재능력을 믿고 스스로의 문제해결 실행력을 높이기 위해 도움을 주는 파트너'가 바로 '코치'란 점이 마음에 쏙 와닿았고, 교육현장에 접목하면 정말 도움이 될 여러 가지 코칭 스킬들도 좋았다. 본격적인 행보를 위해 KPC 자격증도 땄다.

그리고 아이들을 상대로 코칭을 시작했다. 우선 5, 6학년 임원 학생들을 대상으로 꿈과 진로를 주제로 코칭을 했는데, 아이들의 변화가 놀라웠다. 처음엔 어색해하고 쭈뼛거리거나 반응조차 보이지 않던 아이들이 점차 자신의 꿈을 찾아가며 자신감 있는 태도로 변화되는 모습을 보면서 코칭의 마법 같은 힘을 실감했다.

성 교장은 이제 시선을 학부모에게로 돌렸다. 아이들이 행복하기 위해서는 먼저 학부모들의 가치관이나 교육관이 변해야 한다는 생각에서였다.

자녀 교육에 관심을 갖는 학부모들 중 희망하는 학부모를 대상으로 매주 화요일 오전 10시부터 12시까지 2시간 동안 '좋은 부모 되기 독서 코칭 동아리'를 열어 '학부모 코칭'을 시작했다. 이 시간에 학부모들은 코칭에 관계되는 기본 철학과 기본적인 코칭 스킬을 익히며

감사 나눔으로 세상을 바꾸다

코칭 대화 모델을 실습했다. 또한 코칭 실습 대화를 통해 매주 하나씩 학부모 스스로 실천계획을 세웠다. 예를 들면 '잠자기 전 책 한 권 읽어주기', '아이와 아침 산책하기', '매일 감사 일기 쓰기', '평정심 찾기', '질문으로 대화하기' 등이다. 3개월 동안 일주일에 하나씩 이와 같은 실천계획을 세워보고, 이를 실천하려고 노력했다.

다음 모임에서 만날 때는 실천내용을 발표하고, 실천을 잘했으면 서로에게 칭찬, 인정, 지지를 해준다. 하지 못했으면 왜 하지 못했는지에 대해 이야기를 나누고, 격려한다. 그리고 다음 주 계획을 세운 뒤 코칭 관련 교육 자료와 자녀교육 관련 책을 매개로 삼아 다른 학부모와 마음껏 마음속 이야기를 나눈다. 즉 어떻게 적용할 것인지에 관한 의견 나눔이다.

이 모임에서는 지시나 충고, 조언은 하지 않는다. 서로의 생각과 느낌을 나누면서 격려하고 지지할 따름이다. 모임은 긍정적인 에너지를 받을 수 있도록 편안한 분위기에서 진행된다. 이 시간에 참여한 학부모들은 아이와의 힘든 관계 등 자신의 내면에 있는 속마음도 털어놓으며 일대일 대화를 통해 코칭을 배운다. 짧은 시간이지만 독서 코칭 모임을 통해서 배운 코칭 기법은 아이와 대화를 할 때 아주 효과적으로 활용할 수가 있다.

학부모들은 처음에는 '내 아이를 어떻게 잘 교육시킬까?' 하는 기대감으로 시작했다. 그런데 교육을 받다 보니 자신에게 먼저 많은 성찰과 변화가 왔고, 이를 가족과 실천하면서 자녀들과의 친밀한 관계 형성, 가족 간의 놀라운 변화 등의 체험을 공유하게 되었다. 코칭 모임을 통해서 학부모들은 '부모가 먼저 변해야 아이도 변하고 온 가족이 행복해진다'는 사실을 깨달았다. 자신이 먼저 변해야 한다는 것을 절실하게 느끼게 되었다.

아이들 코칭과 학부모 코칭이 성공적인 결과를 보이자 교사들이 코칭에 관심을 보이기 시작했다. 코칭 전도사인 성 교장은 이때다 싶어 교사 코칭 모임도 열자고 제안했다. 원하는 교사들로 곧 팀이 짜였고, 매주 한 번씩 방과 후에 모여 '티칭하지 말고 코칭하라'는 교재를 중심으로 코칭 공부를 하게 되었다.

성 교장은 지난 9월 전근을 가게 되어 더 이상 오현초의 코칭 모임을 이끌지 못하게 되었다. 하지만 참여한 학부모들과 교사들이 자신의 변화된 모습을 주변에 많이 홍보하고 자조모임을 구성하여 지속적으로 활성화될 조짐을 보이고 있다. 성 교장은 새로 부임한 자양초에서 학부모들의 교육관과 가치관이 변화되고, 더 많은 아이들이 긍정적으로 변화되어 행복한 학교생활을 할 수 있도록 '코칭하는 교장선생님'이 될 생각이다.

코칭을 통해 학생, 학부모, 교사가 느낀 소감을 간단하게 소개한다.

나의 꿈이 무엇인지도 잘 모르고 많이 생각해 보지도 않았는데, 교장선생님께서 여러 가지 질문을 해 주시니까 생각을 해보게 되었다. 30분이란 시간이 훌쩍 지나가서 아쉬웠다. (학생)

교장선생님과 함께 이야기를 해서 기분이 좋아졌고 좋은 시간이 되었다. 마음에 있던 것을 내보내는 것 같아서 마음이 가벼워졌다. (학생)

엄마가 감정 코칭에서 배운 대로 아이들이 느낀 감정을 존중하고 말로 잘 표현해주었더니, 아이도 엄마에게 그전보다 마음을 더 열어주었다. (학부모)

코칭을 배우고 아이의 이야기를 경청하게 되었다. 또한 질문을 던질 수 있게 되었으며, 질문 속에서 아이의 생각을 많이 알 수 있게 되었다. (학부모)

티칭에 익숙했던 교직생활에 터닝 포인트가 된 독서 코칭 동아리. "인정, 칭찬으로 대하라"라는 말이 기억에 남는다. (교사)

코칭은 누구를 이끌거나 가르치는 것이 아니라 적극 지원하고 돕는 과정임을 알게 되었다. 나 자신을 성장시키고 다른 누군가를 성장시킬 수 있는 은혜로운 과정이다. (교사)

한국코치협회지에 게시된 글과 같이 자양초로 발령이 난 후에도 코칭 교육은 계속되었다. 앞선 장에서 소개했듯이 아이들에게는 진로 코칭을, 학부모들에게는 독서 코칭을 해주었다. 코칭을 받은 한 어머님은 코칭 교육에 관심이 생겨 이후 코칭 공부를 열심히 했다. 그 결과 코칭 자격증까지 취득해 지금 코치로서 활동하고 있다.

코칭으로 인해 학교에도, 가정에도 많은 변화가 일어났다. 우리 자양초등학교는 한국코치협회에서 해마다 실시하는 대한민국 코치 대회에서 '코칭 문화 확산 우수기관'으로 선정되어 수상을 받기도 했다. 수상 여부가 중요한 게 아니라 긍정적으로 변화되었다는 사실이 중요한 것이다. 코칭 문화가 있는 한 우리는 계속 변화할 것이다.

감사 나눔으로 세상을 바꾸다

03

100감사선물로
달라진 아이들

감사 나눔 신문사에 실린 '자양 어린이들에게 보낸 학교장의 100
감사 소감문'을 소개한다.

사랑하는 자양의 어린이들에게
100감사를 쓰면서 느낀 소감문

요즈음 학교교육 현장에서는 급변하는 미래사회에 잘 적응하고 행
복한 삶을 살게 하기 위하여 다양한 영역의 교육을 실시하고 있습니
다. 그중에서 가장 중요시하는 것이 바른 인성함양 교육이라고 생각
합니다. 우리 학교가 여러 가지 인성교육 덕목 가운데 감사 덕목을
선택한 이유는 어릴 때부터 감사가 습관화가 되면 긍정의 힘이 길러
져서 학교생활이 즐거워질 거라는 생각에서입니다. 학교폭력이 줄

감사 나눔 신문사 기사

감사나눔 축제를 방문한 감사 나눔 신문사에서 축제를 보고 큰 감동을 받고 학생들에게 전하는 100감사를 부탁받고 막상 써보니 100가지가 넘는 감사로 넘쳐났다.

어들고, 친구를 사랑하고, 웃어른을 공경하는 바른 인성이 잘 형성될 것이라는 기대에서입니다.

자양초에서는 특색사업의 하나로 감사 나눔 교육을 선정하여 학교 교육 과정에 편성하고, 어린이들이 학교에서뿐만 아니라 일상생활에서도 잘 실천할 수 있도록 운영하고 있습니다. 감사 나눔 교육을 2년

감사 나눔으로 세상을 바꾸다

동안 실천한 결과 어린이들이 부정적인 생각을 하거나 남을 탓하고 비난하는 일이 많이 줄어들었습니다. 친구, 선생님, 부모님에게 무엇이 감사한지 생각하면서 긍정의 마음으로 바뀌는 것을 느낄 수 있었습니다. 더불어 어휘력이나 글쓰기 능력까지도 몰라보게 향상됨을 알 수 있었습니다. 저도 어린이들과 함께 감사 노트를 쓰면서 많이 변화되었습니다. 매일매일 감사와 행복감을 느끼며 살게 되었습니다.

이번 감사 나눔 축제에 감사 나눔 신문사에서 방문했습니다. 축제에 큰 감동을 받았다고 하면서 학생들에게 전하는 '100 감사'를 써달라고 부탁했습니다. 처음에는 '100 감사씩이나?' 하는 생각에 부담이 되었습니다. 그러나 막상 쓰기 시작하니 100가지도 넘는 감사거리가 생겨났습니다. 100감사를 쓰면서 어린이들을 더 많이 생각하게 되었고, 더 많이 사랑하게 되었습니다. 그래서 '부담'을 준 감사 나눔 신문사에 오히려 감사하는 마음이 생겼습니다.

저의 작은 바람은 우리 자양초에서 만난 모든 어린이들이 어릴 때부터 감사의 마음으로 성장하여 나중에 사회에 나가서도 어떤 상황에 처하든 감사와 긍정의 마음으로 살아가는 것입니다. 그렇게 행복해지는 것입니다. 꼭 그렇게 되기를 기대합니다. 자양의 모든 어린이들 사랑합니다! 감사합니다!

자양의 어린이들에게 쓴
100감사 중 50감사를 소개한다.

- 등교할 때 항상 웃는 얼굴로 눈을 마주치며 공손하게 공수 인사를 하는 자양 어린이에게 감사합니다.

- 등교할 때 "교장선생님 오늘 옷이 멋지세요!" 하고 칭찬 해주어서 감사합니다.

- 처음 자양초에 왔을 때 새 교장선생님 오셨다며 기쁘게 맞 아준 자양 어린이에게 감사합니다.

- 길거리에서 만나면 멀리서도 뛰어와서 "교장선생님!" 하 고 반갑게 인사를 하는 자양 어린이에게 감사합니다.

- '선생님께 듣고 싶은 말 캠페인' 행사 중 등교시간에 밝은 미소로 선생님께 인사하며 고마움의 표현을 해준 자양 어 린이에게 감사합니다.

- 복도에서 마주치면 밝게 웃는 모습으로 교장선생님을 행 복하게 해주는 자양 어린이에게 감사합니다.

- 평소 감사 노트에 감사하는 내용을 정성들여 예쁘게 잘 쓰 는 자양 어린이에게 감사합니다.

- 담임선생님께 평소에 고마웠던 마음을 감사 편지로 써준 자양 어린이에게 감사합니다.

감사 나눔으로 세상을 바꾸다

- 사랑과 감사함으로 따뜻한 마음을 갖고 부모님께 감사 편지를 쓴 자양 어린이에게 감사합니다.
- 자신의 소중함을 알고 자신의 신체에 대해 감사 글을 쓴 자양 어린이에게 감사합니다.
- 감사 나눔 축제 때 감사 사명서, 감사 표어, 오감 감사, 계절 감사, 상황 감사, 자존감 감사 등 다양한 감사 글을 솔직하고 아름다운 마음으로 작품에 표현해주어서 감사합니다.
- 공연을 위해 열심히 연습해서 자양의 문화예술을 빛내준 앙상블 단원 여러분 모두에게 감사합니다.
- 감사 나눔 축제 때 공연을 멋지게 해서 방과 후 부서를 빛내준 자양 어린이에게 감사합니다.
- '감사 노트, 감사 나무, 자신에게 감사 글, 선생님께 감사 글, 100감사 긴 족자 글' 등 정성 어린 작품으로 감사 표현을 한 자양 어린이에게 감사합니다.
- 감사 나눔 축제 때 함께 호흡하며 질서 있게 공연을 관람해준 자양 어린이에게 감사합니다.
- 운동회 때 서로 협동하고 열심히 연습해서 다양한 특색 있는 프로그램을 보여주어서 감사합니다.
- 운동회 때 질서를 잘 지키고 목청껏 친구들을 위해 응원해

주는 스포츠 정신을 보여주어서 감사합니다.

- 체육 시간에도 최선을 다하고 못하는 친구들까지 함께하도록 격려해 주어서 감사합니다.
- 5학년 수련 활동 위문을 갔을 때 반갑게 맞아주고 장기자랑을 열심히 해주어서 감사합니다.
- 6학년 제주도 수학여행 중 질서를 잘 지키고, 안전하고 유익하게 잘 다녀와서 감사합니다.
- 외부에서 하는 학습활동에서 질서 있게 활동하여 칭찬을 받은 자양 어린이에게 감사합니다.
- 학부모 공개 수업 때 자신의 생각을 잘 표현하고 발표를 씩씩하게 잘해줘서 감사합니다.
- 외부 강사님이 수업할 때 자양 어린이들의 수업 태도가 좋다고 칭찬받게 해주어서 감사합니다.
- 공개수업 영어 시간에 원어민과의 대화를 자연스럽게 하면서 성장하는 모습에 감사합니다.
- 일인일역 봉사활동을 각자 맡은 자리에서 즐거운 마음으로 잘해주어서 감사합니다.
- 임원수련회에 자양의 대표로서의 긍지를 갖고 열심히 참여하고 활동해주어서 감사합니다.
- 6학년 진로 코칭을 할 때 자신의 꿈에 대해 솔직하게 잘 이

감사 나눔으로 세상을 바꾸다

야기 해주어서 감사합니다.

- 6학년 진로 코칭을 받은 친구들이 교장선생님과 약속한 실행과제를 잘 실천해주어서 감사합니다.
- 교장선생님의 책 읽어주기 시간에 눈을 반짝이며 열심히 수업에 참여한 자양 어린이에게 감사합니다.
- 학부모님들의 책 읽어주기 시간에 조용히 잘 들어주는 자양 어린이에게 감사합니다.
- 감사 나눔 축제를 통해 감사 글을 더 열심히 쓰겠다고 다짐해주어서 감사합니다.
- 보안관님께 항상 공손하게 인사를 잘하고 안전하게 생활해주어서 감사합니다.
- 부모님들께서 진행하시는 예절 명예교사 수업에 성실하게 참여해주어서 감사합니다.
- 예절 수업을 하고 나서 바른 언행과 행동을 실천하려고 노력해주어서 감사합니다.
- 학교생활에서 안전규칙과 학교 생활규칙을 잘 지키면서 생활해주어서 감사합니다.
- 교통규칙을 잘 지켜서 큰 사고 없이 안전하게 등하교하는 자양 어린이에게 감사합니다.
- 등교 시 교통지도하시는 학부모님들의 지시에 잘 따르는

자양 어린이에게 감사합니다.

- 화장실의 휴지를 아껴 쓰고 에너지 절약을 위해서 노력하는 자양 어린이에게 감사합니다.

- 학교의 시설물을 깨끗하게 유지하고 아껴 쓰려고 노력하는 자양 어린이에게 감사합니다.

- 학교 복도에 새로이 칠을 한 뒤 깨끗한 벽에 낙서할까봐 걱정했는데 낙서 한군데 하지 않아 감사합니다.

- 학교의 나무 한 그루 꽃 한 송이도 훼손하지 않고 자연을 사랑하는 자양 어린이에게 감사합니다.

- 평소 틈이 날 때 또 토요일에도 학교 도서관에 와서 열심히 책을 읽는 자양 어린이에게 감사합니다.

- 부모님의 말씀을 잘 듣고 부모님께 감사하며 효도하는 자양 어린이에게 감사합니다.

- 문해 교실의 어르신들께 어버이날 짧은 공연으로 기쁘게 해드린 자양 어린이에게 감사합니다.

- 학교를 찾는 손님들께 최고로 인사를 잘하는 아이들이라는 칭찬의 말을 듣게 해주어서 감사합니다.

- 학교 밖에서 동네 어른들을 만나도 밝게 웃으면서 인사하는 자양 어린이에게 감사합니다.

- 작년 졸업식 때 부모님께 '100감사'를 써서 부모님 선물로

감사 나눔으로 세상을 바꾸다

준 학생들에게 감사합니다.

- 중학생이 되어서도 학교에 찾아와 잊지 않고 꼭 인사하는 자양 졸업생들에게 감사합니다.
- 중학교에 가서도 자양초의 이름을 빛내준 자양 어린이에게 감사합니다.
- '자양 문화의 날'에 자발적으로 참여해서 자신의 꿈과 끼를 발표하는 자양 어린이에게 감사합니다.

04

365일 감사를 쓰는
행복한 엄마

다른 학교 학부모이지만 감사 나눔 교육에 깊은 관심을 보였던, 그래서 나와 인연을 맺은 학부모의 글을 소개한다.

감사 글 쓰기 224일째,

화계초 학부모 전정은

둘째가 현장체험학습에 다녀온 후 친구들과 놀고 싶었지만, 엄마와 약속을 지키기 위해 방과 후 수업에 갔다고 하여 감사합니다. 둘째가 친구와 놀다 늦게 집에 왔지만 야단을 치지 않고 집에 와주어 고맙다고 꼭 껴안아준 나 자신에게 감사합니다. 첫째가 체육대회로 피곤한데도 수학 학원에 다녀와서 감사합니다.

2019년 4월 12일 금요일

감사 나눔으로 세상을 바꾸다

지난해(2018년) 9월 1일, 아이들 초등학교 학부모 독서동아리에서 성금자 교장선생님을 초대하여 '100감사 특강'을 열었습니다. 그날부터 감사 쓰기를 하고 있는데, 어른 손바닥만 한 수첩으로 두 권째 쓰고 있습니다.

'100감사 특강'을 들은 날, 하루 1감사도 좋으니 매일 실천을 하자고 동아리 회원들과 손가락 걸며 맹세를 했지요. 처음 시작은 6명이었는데, 사생활이 노출되다 보니 각자 하겠다고 하여 지금은 둘이서 365일 채우는 것을 목표로 하고 있습니다.

사실 감사 쓰기는 2013년과 2015년, 두 번에 걸쳐 도전을 했습니다. 하지만 혼자 쓰다 보니 도중에 못 쓰는 날이 많아지면서 포기했습니다. 이번에는 같이 하다 보니 365일을 채우겠다는 힘이 생겼습니다. 여행을 가면 아무 종이라도 써서 올립니다. 하루 빠지면 밀린 글을 한꺼번에 쓰기도 합니다. 뭉치면 산다는 것을 새삼 느꼈습니다.

감사의 중요성을 알게 된 건 2013년 봄, 서울 강북구 오현초에서입니다. 그해 1월 SBS에서 특별기획으로 〈신 어머니상〉을 방송했는데, 중국의 교육열 높은 어머니의 모습에 이어 오현초에서 독서 코칭 수업을 받고 계신 어머니의 사례가 소개되었습니다. 아이들에게 우쿨렐레로 즐거운 음악을 들려주는 장면은 참으로 인상적이었습니다. 두 아이는 엄마의 악기 연주에 신이 나서 박수를 치고, 엄마에게 '우리 엄마 최고!'라는 상장을 만들어주었습니다. 그 어머니는 자신이 아이들에게 좋은 엄마 소리를 듣게 된 건, 성금자 교장선생님의 '좋은 부모 되기 독서 코칭' 덕분이었다고 말했습니다.

대체 그 비법이 무엇인지 궁금해서 여섯 살 둘째 아이 손을 잡고 학교로 찾아갔습니다. 그리고 성금자 교장선생님께 부탁했습니다.

"저도 책을 좋아하고, 아이를 잘 키우고 싶습니다. 다른 학교 학부모지만 그 수업을 듣고 싶어요." 무슨 비밀 보따리를 알게 된 양 졸랐던 것 같습니다. 교장선생님은 흔쾌히 승낙을 해주셨습니다. 그날 대화의 핵심은 '엄마가 행복해야, 아이가 행복하고, 가정이 행복하다'였습니다. 그때를 생각하면 제 스스로도 기특합니다.

'좋은 부모 되기 독서 코칭' 수업에서는 《하루 10분 내 아이를 생각하다(서천석, 비비북스, 2011)》, 《100감사로 행복해진 지미 이야기(유지미, 감사 나눔 신문, 2012)》 등을 읽었습니다. 하루에 10분이라도 온전히 아이만 생각하는 건 쉽지 않았지만, 아이와 10분이라도 진심으로 놀아주기 위해 애썼습니다. 아이를 유치원에 보내놓고도 딱 10분만큼은 아이 생각에 집중했습니다. 분만실에서 막 세상에 나와 울면서 엄마를 쳐다보던 눈빛, 웃으면서 막 뛰어가던 모습을 생각하면 아이가 사랑스러워서 그냥 행복합니다. 지금도 가끔 딱 10분만 아이 생각으로 집중하려고 노력합니다.

《100감사로 행복해진 지미 이야기》를 쓴 유지미 저자는 불평이 많은 사람이었다고 합니다. 그런데 100감사를 쓰면서 매사에 감사하는 마음이 생겼다더군요. 친정엄마에게 100감사를 쓰고 나서는 친정엄마가 휴대폰에 자신의 이름을 '싸가지'에서 '퍼스트레이디'로 바꾸었다고 합니다. 저도 제 변화를 위해 감사 쓰기를 시작했는데, 그 당시 "감사합니다"를 입에 달고 살았습니다.

감사 나눔으로 세상을 바꾸다

성금자 교장선생님은 이 수업에서 아이와 눈 맞추고 대화를 하라고 강조했습니다. 설거지를 하다가도 아이가 엄마를 부르면 돌아서서 눈을 맞추면서 대화를 하라고 했습니다. 또 아이의 말을 도중에 끊지 말고 잘 들어 주라 했고, 엄마가 답을 다 말하기보다 질문을 하면서 아이가 스스로 답을 찾도록 유도하라고 했습니다. 아이가 무슨 말을 하면, "~ 그렇구나."로 꼭 맞장구를 쳐주라고도 당부했습니다.

다른 수업과 다른 점은 좋은 습관 들이기로, 학부모 각자가 일주일에 하나씩 실천 계획을 세우는 것이었습니다. 무엇이든 자신이 좋은 습관으로 만들고 싶은 것을 계획하고, 일주일을 시작으로 꾸준히 실천하는 것입니다. 100일을 실천하면 '내 것'이 된다고 하여 100일 도전을 목표로 했습니다.

저의 첫 실천 계획은 '아이가 잠들기 전에 30분 책 읽어주기'였습니다. 엄마가 아이에게 책 읽어주는 것은 당연한 일이어서 잘할 수 있다고 생각했습니다. 그런데 7일 실천을 제대로 하지 못한 저를 발견하자 웃음만 나왔습니다.

두 번째 실천 계획은 '건강을 위해 매일 줄넘기 30분 하기'였습니다. 일주일은 열심히 했는데, 여섯 살, 2학년 아이를 키우면서 매일 줄넘기를 하는 일은 쉽지 않았습니다.

세 번째 실천 계획은 '잠자는 아이에게 예쁘다고 말해주기'로 잡았습니다. 저는 남편과 다르게 제 감정을 말로 표현하는 것이 서툴렀습니다. "사랑한다"라는 말을 입에 달고 사는 시어머니와 달리 무뚝뚝한 친정엄마를 닮아서였습니다. 그래도 잠이 든 아이들을 쓰다

듬으며 "사랑한다, 사랑한다.", "오늘 밥 잘 먹어서 고마워요.", "달리기 잘해서 고마워요." 하고 매일 이야기하다 보니, 저도 모르게 아이들에게 "고맙다."와 "사랑한다."는 말을 즐겨 하는 엄마로 변해 있었습니다. 변한 사람은 저 혼자만이 아니었습니다. 내성적인 큰아이가 전화통화를 끝낼 때 "엄마, 사랑해요."라고 말하기 시작했습니다. 처음 그 말은 들은 날, 기분이 좋아 얼굴에 미소를 담고 한참을 가만히 있었습니다.

'엄마가 자꾸 표현을 하니, 아이도 표현을 하게 되는구나!'

이 점을 깨달은 제 스스로가 대견했습니다. '참 잘하고 있구나!' 하고 속으로 외쳤습니다.

그 당시 저는 아이들을 데리고 우리 동네 강북문화정보도서관에 자주 갔습니다. 얼굴을 익힌 사서 선생님들에게 '좋은 엄마 되기 독서 코칭'을 말하면서, 도서관에 프로그램이 개설되어 강북구 전체 학부모가 행복해지는 특강을 들었으면 좋겠다고 이야기했습니다. 그랬더니, 담당자도 관심을 보였습니다. 성금자 교장선생님도 학부모를 위한 일이라면 바쁘지만 하겠다는 의욕을 보였습니다. 그래서 2015년 가을에 강북구 지역 신문사의 후원을 받아 '성금자 교장선생님과 함께하는 학부모 독서 코칭'을 개설할 수 있었습니다.

2년 동안 4회기를 진행했는데, 수업을 들은 학부모들의 반응이 좋았습니다. "건강한 다리를 주셔서 감사합니다.", "오늘 햇볕이 쨍쨍해서 감사합니다." 하며 당연하다고 생각했던 것들에 감사를 하다 보니, 이상하게 남편과의 관계가 좋아졌다고 하는 학부모들도 많았습니다. 한 학부모가 자신이 짜증을 내면, 남편이 약발 떨어졌다며 어서 가서 독서 코칭 수업 듣고 오라고 한다고 해서 한바탕 웃기도 했습니다.

4회기 특강이 끝난 뒤 학부모들은 '행복 맘 독서 코칭'이라는 독서 동아리를 만들었습니다. 감사 쓰기가 혼자 실천하기 어렵고, 또한 꾸준히 책을 읽고 노력할 필요가 있다는 것이 동아리를 만든 이유였습니다. 동아리로 뭉친 학부모들은 감사 쓰기를 꾸준히 했습니다. 현재 일어난 일에 대한 감사도 했지만, 미래 감사(내가 원하는 바가 이루어진 감사)를 하기도 했습니다. 한 학부모는 미래 감사로 원하는 직장에 취직하는 내용을 계속 썼습니다. 그러면서 계속 노력을 하다 보니, 상상이 현실로 바뀌는 기적을 만들기도 했습니다.

2016년 하반기에는 강북구 북 페스티벌에 '가을, 감사 쓰기로 행복해지세요!'라는 주제로 참여했습니다. 성금자 교장선생님이 주신 긴 족자에 학부모들 10명이 10개씩 100감사 족자를 써서 전시했습니다. 함께 100감사를 작성하면서 서로에 대한 소중함도 느끼고 다들 뿌듯해 했습니다. 부스에 다녀간 아이들과 어른들은 글씨가 다른 100감사 족자를 보면서 놀라워했습니다. 글을 못 쓰는 아이들은 그 놀라움을 그림으로 표현하기도 했는데, 한 어린이가 활짝 웃는 자신의 얼굴을 그려놓고, "건강해서 감사합니다."를 엄마 글씨를 보며 삐뚤빼뚤 그려놓기도 했습니다.

제가 '학부모 독서 코칭'의 여러 가지 것들 중 가장 기억에 남는 것은 두 아이와 잠을 자기 전에 눈을 감고 하루 5감사를 말한 것입니다. 지금은 생각날 때만 하고 있는데, 당시에는 매일 대화를 나누었습니다. 2학년이던 둘째는 신이 나서 큰 소리로 "엄마가 밥을 맛있게 해주어 감사합니다.", "오늘 아프지 않아 감사합니다.", "오늘 비가 오지 않아 감사합니다."라고 말하곤 했습니다.

일상의 소소한 것에 감사함을 표현하는 둘째가 참 예뻤습니다. 친정엄마가 교통사고로 무릎을 다쳐 병원에 계시던 시절이라 아이의 감사는 제게 무척 큰 힘이 되었습니다. 저는 '엄마가 무릎만 다쳐서 감사합니다'로 힘든 시기를 잘 넘길 수 있었습니다. 감사의 힘이 없었다면 하루하루 불평만 하고, 교통사고를 낸 사람을 찾아가 소리를 지르며 화를 냈을지도 모릅니다. 화를 내고 불평을 한다고 해서 현실이 달라지지는 않지만, 너무 힘들어서 어떤 식이든 화풀이를 했을 것입니다. 그런데 그 힘든 상황을 감사로 바꾸었더니, 제 마음에 따뜻한 햇살이 들어와 저를 포근하게 안아주었습니다.

성금자 교장선생님을 만나 독서 코칭을 해오면서 저는 많이 달라졌습니다. 가장 큰 변화는 모든 것을 긍정적으로 받아들인다는 점입니다. 긍정적인 사람이 된 저는 2019년에 KAC코칭 자격증을 준비하고 있습니다. 아이들의 가슴에도 변화의 싹이 돋아났습니다. 올해 중학교 1학년이 된 큰아이는 학교에서 질문을 잘하는 아이라고 합니다. 제가 선생님께 귀찮지 않으시냐고 여쭈었더니, 더 좋다고 하십니다. 적극적인 면을 지니게 된 큰아이에게 감사합니다.

둘째 키우기 힘들어서 찾아간 '좋은 엄마 되기 독서 코칭'을 시작

감사 나눔으로 세상을 바꾸다

으로, 좋은 엄마가 되었다고 자신 있게 말할 수는 없습니다. 하지만 열심히 노력은 하고 있습니다. 오늘은 4학년 둘째 아이와 《논어》를 한 단락씩 같이 읽었습니다. 20일 도전이 될 수도 있는데, 하루도 빠지지 않고 하려고 합니다.

2019년 올해는 '동화책 100권 읽기', '아이와 날마다 무슨 책이든 같이 읽기', '365일 감사 쓰기', '친정엄마 생신에 100감사 쓴 것 드리기', 'KAC코칭 자격증 취득하기' 등을 목표로 삼고 있습니다. 독서 코칭에서 배운 것을 잘 실천하고 목표를 달성해서 12월 31일 행복하게 웃는 제가 되려고 부지런히 노력하고 있습니다.

성금자 교장선생님 덕분에 감사하고 행복한 삶을 살 수 있게 되었습니다. 우리 아이들이, 우리 가정이 행복해졌습니다. 감사합니다.

05

감사, 이보다
더 좋을 수 없다

자양초의 '감사 나눔 졸업식'을 참관한 감사 나눔 신문기자 김덕호 님의 글을 소개한다.

너희들 모두가 주인공이란다.

"6학년 4반 000, 봉사 상을 받습니다. 6학년 5반 000, 효행 상을 받습니다."

가족과 친지들이 지켜보는 졸업식장에서 단상에 올라 상을 받는 학생들은 들뜨고 뿌듯한 기억을 간직하게 될 것이다. 지난 2월 14일 서울 자양초 72회 졸업식에서는 모든 졸업생이 빠짐없이 한 명씩 단상에 올라 교장선생님으로부터 상장을 받으며 이런 기쁨을 맛보았다. 몇몇 학생 임원들만이 받는, '그들만의 잔치'이기 십상이었던 옛

감사 나눔으로 세상을 바꾸다

날의 일반적인 졸업식과는 확연히 다른 모습이었다. 졸업생 한 사람 한 사람이 모두 주인공이 되는 행사였기에 학생들의 얼굴에도 생기가 넘쳤다. 타인을 생각하고 배려하는 마음을 키우는 감사 나눔 교육을 3년째 활발하게 수행하고 있는 학교답다는 생각이 들었다.

상장 수여식이 끝나고 이어진 '회고사'에서 성금자 교장은 말했다.

"처음 입학할 때 귀엽고 사랑스런 어린이였던 여러분이 이제 훌쩍 성장하여 졸업을 하고 학교를 떠난다니 감회가 새롭습니다. 그동안 학교에서 충실히 받아온 감사 교육을 바탕으로 중학교에 가서도 늘 긍정적이고 매사에 감사하는 생활을 하기를 바랍니다. 또 언제나 자신의 꿈을 간직하며 그것을 이루기 위해 노력을 기울이세요. 그리고 절대로 자신의 꿈을 포기하지 않기를 바랍니다. 꿈을 이루는 길에서 힘이 들 때마다 오늘 교장선생님이 이야기한 '포기하지 말라'는 당부를 떠올려 보세요."

학생들은 초롱초롱한 눈망울로 교장선생님의 말씀 한마디 한마디에 귀 기울이고 있었다. 혁신적인 아이폰을 통해 인류의 삶의 방식을 바꾼 스티브 잡스가 2005년 스탠포드 대학 졸업식에서 남긴 명언은 학생들을 비롯한 많은 이들에게 커다란 열감과 울림을 주었다. 학교에서 배운 '감사'를 잊지 않기를 당부하는 이날의 회고사가 성장하는 학생들의 잠재력에 어떤 파동을 일으킬지 기대가 되었다.

회고사를 마친 교장은 그동안 지도편달을 아끼지 않았던 선생님들을 한 분씩 소개했다. 단상 아래 앉아 있던 선생님들이 한 분씩 일어나 인사를 할 때마다 졸업생들은 하나된 목소리로 "감사합니다." 외쳤다. 아쉬움과 고마움이 가득한 장면이었다.

　이어진 순서는 학생 대표들의 '학교에 대한 감사'와 '부모님에 대한 감사' 발표였다. 최승리 학생의 '학교에 대한 감사' 일부를 소개한다.

　"졸업의 시간이 아쉬운 것은 자양초에서 보낸 6년이란 모든 시간이 감사함과 그리움의 추억으로 우리 곁에 남아 있기 때문입니다. 이젠 후배님들이 자양초를 더욱더 감사가 넘치는 행복한 학교로 이끌어주실 거라 우리는 믿습니다."

　다음은 양윤원 학생의 '부모님에 대한 감사'이다.

　"부모님께 감사한 것을 생각해보니 사소한 것 하나하나까지 100가지가 넘습니다. 어엿한 6학년으로 졸업할 수 있게 사랑으로 키워주신 것에 감사드립니다. 항상 사랑합니다. 항상 제 편이 되어 주셔서 감사합니다."

　다음 행사는 학생들이 부모님께 쓴 '100감사 카드 전달식'이었다. 이날 졸업식은 반별로 배치된 두 줄의 의자에 졸업생과 부모님이 나란히 앉은 채 진행되었는데, 학생들은 자리에서 일어나 부모님을 마주보고 카드를 읽어드리며 감사의 마음을 전달했다. 아직 철부지로만 여겼던 자녀에게 100가지 감사를 적은 카드를 받은 부모님들은 대견함과 고마움이 가득 배인 촉촉한 눈으로 자녀를 꼭 안아주었다.

　이날의 '감사 나눔 졸업식'은 이벤트성으로 기획된 일회적인 행사가 아니다. 그동안 감사의 씨를 뿌리고 물과 거름을 주며 꾸준히 관리해온 결과물의 하나다.

　　　　　　　　　　감사 나눔으로 세상을 바꾸다

자양초는 감사 나눔의 생활화를 위해 전교생에게 감사 노트를 배부하여 매일 감사한 일을 기록하며, 가족과 감사대화를 나누고, 부모님과 함께 쓰기도 한다. 또 감사 나눔 게시판을 활용하여 감사 글쓰기 및 선플 달기 등을 운영하고, 월별로 감사 주제를 정하여 감사 글 쓰기 프로그램을 진행한다. 지속적인 감사 교육의 열매들은 매년 가을에 개최하는 감사 나눔 축제를 통해 점검하고 공유하며 더 숙성되는 시간을 맞는다. 감사 나눔 축제 기간에는 학년별로 그동안 써 온 많은 감사 노트들과 감사를 표현한 학생들의 다양한 작품들을 전시한다.

모든 선생님들의 10감사, 학부모님들의 감사 글, 교육공동체 여러분의 감사 글도 빠지지 않는다. 또 학생들이 선생님께 드리는 100감사, 학부모님들이 선생님들께 보내는 100감사 등 다양한 100감사를 족자로 만들어 전시한다.

감사 나눔 졸업식 또한 이러한 일련의 감사 교육프로그램의 한 축으로 시작되어 지금에 이른 것이다. 졸업식은 하나의 축제의 장이다. 축제는 일부가 아닌 모두가 함께 참여하고, 나누고, 즐기는 자리여야 한다. 그런 의미에서 이제 3회째에 이른 자양초의 '감사 나눔 졸업식'은 모든 학생과 학부모, 교사가 함께하는 진정한 축제로 자리 잡은 느낌이다.

다음은 감사 나눔 신문사에 실린 학부모의 글이다. 글쓴이는 송수연 어린이의 어머니로, 학부모회장님이다.

감사의 기적을 고백합니다. ✎

5학년 송수연의 엄마(학부모 회장)

자양초 학부모회장으로서 두 번의 감사 나눔 축제를 보냈습니다. 한 해 두 해가 지나면서 어느새 저는 자양이라는 이름과 떼려야 뗄 수 없는 자양인이 되었습니다. 시간이 날 때마다 교장선생님의 독서 코칭 수업을 들으면서 우리 아이들에게 진정한 행복이 무엇인지 알게 되었습니다. 그것은 바로 감사와 소통이었습니다. 무엇이든 부정적인 시선과 생각으로 바라보면 점점 모든 것이 부정적으로 되어간다는 것을 알게 되었고, 긍정의 마음이 실천될 때 감사의 열매를 맺고 성장한다는 것도 알게 되었습니다.

감사는 기적입니다. 저는 감사의 기적을 고백으로 전하고 싶습니다. 항상 사랑과 관심으로 아이들의 행복을 위해서 애쓰시는 교장선생님 감사합니다.

학교라는 울타리 안에서 여러 가지 성향과 개성을 가진 우리 아이들을 사랑과 격려로 이끌어주시는 모든 선생님들께도 진심으로 감사드립니다.

언제나 올바른 먹거리로 아이들의 건강을 위해 애쓰시는 영양사 선생님, 약손으로 아픈 아이들을 어루만져주시는 보건 선생님, 아이들의 지적 양식을 책임지시는 사서 선생님, 그리고 아이들의 즐겁고 안전한 등교를 책임지시는 보안관 선생님께 감사합니다.

제가 일일이 다 열거하지 못하지만 곳곳에서 자양초를 위해서 애

감사 나눔으로 세상을 바꾸다

쓰시는 모든 분들의 따뜻한 손길에 감사드립니다.

또한 우리 자양초 학부모회 어머님들과 늘 손과 발이 되어주시는 각 단체장님들께 감사드립니다. 늘 도와주시는 힘으로 2년이라는 시간 동안 학부모회 일을 감사와 뿌듯함으로 견뎌낼 수 있었습니다. 긍정적인 마음으로 소통하고 배려하는 학부모회가 되어서 감사합니다. 앞으로도 자양초 학부모회가 더 성장하고 굳건해지길 바랍니다.

마지막으로 저희 가족에게 감사합니다. 항상 아이들과 눈높이를 맞추려 하는 친구 같은 아빠가 되어주는 남편에게 감사합니다. 지난해 자양초를 졸업하고 중학교에 입학하여 즐겁고 멋지게 생활하고 있는 아들 수빈에게도 감사합니다.

사춘기가 조금씩 다가오는 5학년 딸 수아, 그래도 멋지고 든든하게 맡은 일을 잘해주어 감사합니다. 그리고 엄마의 사랑, 막둥이인 1학년 수연이. 엄마 아빠 눈에는 늘 아기 같은 모습이지만 조그만 어깨로 가방도 거뜬히 메고 조그마한 손으로 글씨도 잘 써주어서 감사합니다. 초등학교 1학년 생활을 멋지고 씩씩하게 해주어서 감사합니다.

마지막으로 항상 웃는 모습이 보기 좋은 제 자신에게 감사합니다. 우리 모두 가정과 학교에서 감사 나눔을 실천하며, 생활에 감사의 고백이 넘치길 바랍니다.

자양초 사랑합니다, 감사합니다!

학부모회장님의 글을 읽으며 다시 한 번 자양초 학부모들에게 진심으로 감사드린다. 녹색 어머니회, 도서실 명예교사회, 급식모니터

링, 예절 명예교사 활동 등 여러 영역에서 많은 활동을 해준 학부모들에게 정말 감사한 마음이다.

학교의 다양한 행사와 활동을 학부모들은 긍정의 마인드로 열심히 도와주고 참여했다. 모두 감사 교육의 영향이라고 생각한다. 교육공동체 모두를 변화시킨 감사, 이보다 더 좋은 교육이 또 있을까?

06

내가 실천한
나눔의 기록

나눔 1. 학생들에게 진로 코칭으로 꿈을 찾게 해주다

주변 사람들에게 재능기부를 하는 것은 참으로 행복한 일이다. 내가 할 수 있는 재능기부는 배운 코칭을 통해 아이들에게 진로 코칭을 해주는 것이다.

진로 코칭을 받은 한 아이가 자신의 꿈이 이루어진 모습을 그려보면서 환하게 웃던 모습이 지금도 생각난다. 그 아이의 꿈은 요리사이다. 어떤 요리를 하고 싶으냐는 질문에 그 아이는 중국요리를 하고 싶다고 했다. 어디에서 일하고 싶으냐는 질문에는 커다란 호텔에서 일하고 싶다고 답했다. 나는 그 호텔에서 일하고 있는 모습을 그려보라고 했다. 그 아이는 하얀 모자와 하얀 가운을 입고 커다란 호텔에서 일하고 있는 자신을 그렸다. 그리는 동안 얼굴에 얼마나 환한 미소가 번졌는지 모른다.

나눔 2. 부모님들에게 독서 코칭을 통해
가치관과 교육관을 변화시키다

학부모들에게는 독서 코칭을 진행했다. 나눔과 봉사의 일환으로 어머님들과 하는 독서 코칭은 어머님들뿐만 아니라 나 자신에게도 정말 의미 있고 보람 있는 일이었다. 그래서 행복했다.

독서 코칭을 하고 난 후 어머님들이 밝힌 소감문은 정말 큰 감동이었다. 여러 소감문 중 세 가지만 소개한다.

"알에서 깨어 나올 수 있는 계기가 된 것 같습니다. 다른 사람과의 관계에서 나 중심에서 조금은 상대방 중심으로 바뀌는 부분이 있어 좋았습니다. 반성을 하는 시간을 가졌던 것 같습니다. 나 자신을 들여다볼 수 있는 좋은 기회였습니다."

"생각만 있었지 표현을 못해, 저를 깍쟁이라고 느꼈을 분들에게 이제는 밝고 친근하게 조금씩이라도 다가설 수 있는 마음을 갖게 된 것 같아요."

"'감사'라는 쉬운 단어는 나 자신에겐 어려운 단어였는데, 지금은 조금은 쉽게 다가갈 수 있는 단어가 되어서 너무 감사합니다. 나 자신, 그리고 나 이외의 다른 사람을 사랑하고 감사하는 마음을 갖게 되어 행복합니다."

감사 나눔으로 세상을 바꾸다

나눔 3. 기타 공연 재능기부로 웃음과 따뜻함을 나누다

교장선생님들과 함께하는 기타 동아리 이름은 '소리모아'이다. 주로 학교 축제, 교육청 연수 등에서 기타 공연 재능기부를 한다. 초등학교, 중학교, 고등학교 축제를 할 때 아이들 수준에 맞는 곡을 선정해서 함께 노래하며 즐거운 시간을 보내고 온다. 참여하는 아이들도 그날은 축제 분위기라 그런지 아주 좋은 반응을 보인다. 아이들은 박수치며 노래하고, 소리모아는 기타 치며 노래하면서 함께 어우러진다. 우리도 축제의 분위기를 흠뻑 느끼고 온다.

학교 외에 교육청에서 연수를 할 때도 기타 공연을 하고 있다. 여러 지역교육청과 초중고 교장선생님 연수, 교장선생님 자격과정 연수, 선생님 연수 등에 공연을 다닌다. 연수 분위기를 부드럽게 하기 위해 연수 전에 식전 공연을 하는 경우가 많다. 자격과정 연수에는 자격증 수료식날 축하를 하기 위해 달려가서 공연을 해드린다. 요즘은 일반인들이 진행하는 다양한 포럼에도 다니면서 기타 공연 봉사를 하고 있다.

자치 센터 기타 동아리 회원으로 활동하고 있기도 하다. 이 팀에서는 두 달에 한 번 요양원에서 기타공연 봉사를 한다. 40명쯤 되는 요양원 어르신들이 즐겁게 공연을 관람한다. 10곡 정도 준비해서 공연하면 1시간쯤 걸리는데, 그 시간 내내 어르신들은 함께 손뼉치고 노래하며 춤도 춘다. 그 모습을 보면 정말 나 자신도 행복하다. 노래 가사를 잘 기억해서 따라 부르는 어르신도 있고, 기억나는 부분만 따라 부르는 어르신도 있다. 중요한 것은 참여한 모든 어르신들이 그 시간만큼은 행복한 표정을 짓고 함께 웃는다는 것이다.

재능기부 봉사를 하면서 느낀 점은 남에게 많은 봉사를 하면서 나도 행복을 누릴 수 있는 점이다. 다른 사람과 조금이라도 나눈다는 것은 참으로 보람 있는 일이다.

나눔 4. 네팔 소녀에게 희망을 주다

굿네이버스에서 실시하는 교육기부 봉사단에 참석해서 네팔에 간 적이 있었다. 네팔에 가서 아이들에게 교육기부를 했다. 네팔의 환경은 우리나라의 1960년대와 흡사했다. 도로가 아직 아스팔트로 포장되어 있지 않아서 버스를 타고 다닐 때 먼지가 많이 났다. 길옆에 있는 가게로 먼지가 많이 날아들어 갔다. 내가 어릴 때 큰길 옆의 가게에 가면 차가 지나가면서 날린 먼지가 물건에 쌓여 있는 경우가 많았다. 그때가 생각나게 했다.

첫날부터 네팔 아이들과 다양한 프로그램을 진행했다. 첫날은 우리나라 국기와 네팔 국기를 그리는 시간이었다. 국기도 그리고, 우리나라 동요인 〈태극기〉도 불렀다. 비행기를 접어서 날리는 수업에서는 〈비행기〉 노래를 가르쳐주었는데, 아이들이 생각보다 재미있게 잘 따라 불렀다.

이튿날에는 고추, 가지, 호박 같은 식물을 아이들과 함께 심었다. 잘 자랄 수 있도록 물도 주고, 여러 가지 거름도 주었다. 이 활동은 우리나라 시골에서 하는 활동과 비슷했다.

그다음 날에는 아이들과 함께 공원에 소풍을 갔다. 보물찾기를 했는데, 우리가 네팔 언어를 몰라서 아이들과 소통에 어려움을 겪었다. 다행히 네팔 교육에 대해 안내하러 오신 분을 만났는데, 그분의 도움으로 여러 가지 미션을 해결했다. 그날 점심은 KFC에서 먹는 감자튀김과 햄버거였다. 아이들은 KFC에 한 번도 가본 적이 없다고 했다. 당연히 그곳 음식도 먹어본 적이 없었다. 그래서인지 아주 맛있게 잘 먹었다.

넷째 날은 정해준 지역의 아이들 집을 방문하는 날이다. 우리가 맡은 아이는 산 중턱에 살고 있었다. 신발도 없이 맨발로 산을 오르내린다고 했다. 아이를 따라서 산 중턱쯤에 있는 집에 도착했다. 부모님이 있었다. 방을 보니, 겨울인데도 찬 흙바닥에서 담요 한 장 깔고 있었다. 참으로 마음이 아팠다. 그 안타까운 광경을 보았기에 나는 한국에 돌아와서 그 지역 아이들에게 후원을 하기로 결심했다.

네팔 방문을 계기로 굿네이버스와 연계되어 있는 한 아이에게 5년 동안 계속 후원을 하고 있다. 해마다 후원한 아이에게서 편지가 온다. 그 편지 한 통을 소개한다. 우리말로 번역을 해서 보내준 편지다.

성금자 후원자님께

후원자님께서 잘 지내고 계시기를 바라요. 저는 방학 때 가장 즐거워요. 집에 가서 시험 결과를 부모님께 보여드릴 때 정말 기뻐요, 좋은 성적 덕분에 가족들이 옷과 신발을 선물로 줬어요. 또 가족들은 다양한 음식을 준비했어요. 그다음 날도 정말 즐거웠어요. 제가 정말 가고 싶었던 장소에 갔고 제가 고른 것을 사셨어요. 또 저는 말을 탔고 정말 즐거웠어요.

후원자님의 응원에 감사드리고 축복이 가득 하시길 바라요.

아띠에노은니스 드림

교직생활을 하면서 나누고 봉사하고 기부한 내용을 적다 보니 괜스레 마음이 뿌듯해진다. 현대는 모두 바쁜 세상이다. 나도 만만치 않게 바쁘다. 그런 와중에 시간을 내서 나의 재능을 다른 사람들에게 나눌 수 있으니 정말 감사하고 행복하다. 바쁜 여러분들도 그 감사와 행복을 누리기를 소망한다.

07

감사 나눔으로
세상은 바뀐다

자양초등학교 김지영 선생님의 글을 소개한다.

감사 나눔을 하면서 학급이 이렇게 달라졌어요

학급에서 실시한 감사 나눔 교육을 통해 아이들이 즐겁고 편안한 분위기 속에서 쉽게 배움에 접근할 수 있었다. 친구들과 협력하여 과제를 해결할 때도 의견을 나누고 협의하고 조절하는 가운데, 친구들의 의견을 존중하고 자신의 생각을 자유롭게 이야기하는 경험을 할 수 있었다.

놀이에서도 서로 의견을 수용하고 자신의 의견을 양보하는 등의 친사회적인 행동이 나타나는 것을 관찰할 수 있었다. 경쟁보다는 서로 도와가며 진행하는 모둠활동을 통해 도전감과 성취감을 맛볼 수 있었으며, 집중력과 협동심, 적극적인 도전의식을 향상시킬 수 있었다.

또한 감사 나눔 인성교육이 진행될수록 자신의 강약점을 파악하여 자신의 마음을 이해하는 자기이해 능력과 다른 사람의 표정, 목소리, 몸짓 등에 나타나는 감정이나 동기 등을 인지하는 능력이 신장됨을 확인할 수 있었다.

이는 친구들과의 관계에서 나타나는 여러 가지 특징과 의도를 판단하고 이러한 것들에 효율적으로 대처하는 능력이 함양된 것이라고 평가할 수 있다.

초등학교 고학년의 경우 감사 나눔을 실천하는 협력적 인성교육을 통해 친구들과 언어적, 비언어적 소통을 시도하면서 또래간의 친밀감을 표현하며, 상호작용하는 모습이 나타났다. 갈등 상황에서는 친구들의 의견을 받아들이며 타협하는 모습도 보였다.

감사 나눔 쓰기를 통해 친구에게 관심을 갖고 상대방의 감정을 인정하는 태도를 습득할 수 있었으며, 긍정의 말로 대화하는 과정을 통해 상대방을 칭찬하며 개방적인 마음으로 친구를 대할 수 있었다.

'작은 행복, 큰 즐거움' 활동은 아이들에게 자신의 존재에는 여러 사람의 헌신적인 도움이 있었다는 것을 깨닫게 해주었다. 그것을 깨달은 아이들은 다른 사람을 인정해주고 격려해주는 사람이 되도록 노력하는 마음을 갖게 되었다.

감사 인생헌장을 작성해보는 활동도 긍정적인 성과를 냈다. 아이들은 자신을 보살펴준 고마운 사람들에게 어떻게 보답할지 생각했으며, 다른 사람을 인정해주고 격려해주는 사람이 되도록 노력하려는 모습도 보였다. 감사 인생헌장은 '남, 나, 일, 효' 네 개의 영역으로 되어 있다. 남을 위해서 내가 해야 할 일을 찾고 남에게 감사한 것 찾기, 나를 위해서 무엇을 어떻게 할 것인가에 대해 생각해보고 나 자신에게 감사한 일 찾기, 또 부모님을 위해서 내가 할 일을 찾고 부 모님께 감사한 것을 찾도록 노력하면서 다양한 감사에 대해 생각하 기 등을 하는 프로그램이다.

아이들은 '내가 만드는 감사 희망의 활동'을 통해서는 자신의 생각 과 마음이 행동에 중요한 역향을 미친다는 것을 깨달았다. 나아가 자 신에 대한 부정적인 이미지를 긍정적인 이미지로 디자인해봄으로써 긍정적인 미래 자아상을 만들어보는 기회를 갖게 되었다.

다음은 자양초등학교 오설자 선생님의 글이다.

고마운 사람들, 세상을 바꾸는 아이들

버스터미널에 도착하기 전부터 비가 내리고 있었다. 일회용 우산 을 사야 할 것 같았다.

"우산들은 가지고 오셨어요?"

기사가 느긋한 경상도 억양으로 물으면서 버스 천장의 짐칸 문을 열고 여러 개의 우산을 꺼냈다. 긴 우산, 일회용 우산, 접이용 우산. 손님들이 놓고 간 우산들을 모아놓은 것 같았다. 나처럼 흘리는 사람 들이 세상엔 많은가 보다. 엊저녁 산 우산을 호텔에 두고 나왔는데,

잃어버린 우산이나 깔고 앉았다 놓고 온 손수건 따위를 모으면, 아마 장사를 해도 될 것이다.

기사는 뒤쪽 손님들에게 우산을 먼저 주고, 접이식 고급우산을 나에게 주었다. 기사에게 어떻게 돌려주어야 하냐고 물었더니, 넉살좋게 대답했다.

"그냥 안 주셔도 됩니다. 이게 다 인연인 거죠. 필요하신 분 쓰시고 비 안 맞으면 고마 좋은 거 아입니꺼."

우산을 받은 사람들은 모두 고맙다고 인사했다. 기대하지 않은 친절에 따뜻해진 사람들의 얼굴을 보니, 세상을 바꾼 한 아이의 이야기를 다룬 영화가 생각났다.

미국의 어느 중학교의 사회 선생님은 새 학기를 맞이해서 학생들에게 '세상을 바꿀 아이디어를 내고 실천에 옮길 것'을 숙제로 낸다. 주인공 트레버는 'Pay It Forward'라는 아이디어를 숙제로 제출한다. 그것은 한 사람이 세 명에게 선행을 베풀고, 그들은 각각 또 다른 세 명에게 선행을 전하는 것이다. 트레버는 그렇게 하면 수많은 사람들이 사랑과 친절을 베풀게 되어 결국 아름다운 세상으로 바뀌게 될 것이라고 생각했다.

트레버는 자신의 생각을 실천에 옮긴다. 먼저 굶주린 노숙자를 집으로 초대해 목욕을 하게 하고, 먹을 것을 나누어주고, 잠자리까지 제공한다. 노숙자는 그 도움으로 새 출발의 힘을 얻는다. 트레버의 두 번째 선행은 사이가 나빠진 외할머니와 엄마를 화해하게 만드는 것이다. 그리고 마지막으로는 불량친구들에게 왕따를 당하고 돈을 빼앗기고 구타를 당하는 친구를 도운 것이다. 그런데 세 번째 선행을 실천하다가 불량친구가 휘두른 흉기에 다치게 된다. 그 일 이후, 트레버의 선행 나눔 사례가 방송을 통해 알려지고, 미국 전역에서 선행을 나누는 일들이 벌어진다. 트레버는 결국 세상을 바꾸게 된 것이다.

조금 전보다 빗줄기가 더 굵어졌다. 기사에게 고맙다고 몇 번을 인사한 뒤 버스에서 내렸다. 버튼을 눌렀더니 비 내리는 하늘에 기사의 웃음처럼 우산이 활짝 펴졌다. 그 고마움에, 문경새재를 넘느라 28킬로미터를 걸은 피곤함도 싹 날아갔다.

그날 우산을 받은 사람들은 영화에서처럼 또 다른 이들에게 사랑을 나눌 것이 분명하다. 세상엔 좋은 사람들이 참 많다. 이렇게 돌고 도는 거다. 내가 놓고 온 우산도 누군가에게 요긴하게 쓰이리라. 그런 생각을 하니 마음이 흐뭇해졌다.

학교의 아이들에게 이 우산 이야기를 해주며 선행이 어떻게 세상에 퍼지게 되는지, 어떻게 다른 사람들에게 감동이 이어지는지에 대해 생각해 보게 한 적이 있다. 아이들이 써온 감사 노트를 확인할 때마다, 진심어린 마음으로 고마움을 표현한 것을 보며 마음이 따뜻해진다. 일상의 작은 일도 고마운 마음을 가지고 들여다보는 사람으로 자라나는 자양의 어린이들은 분명 행복한 아이들이다. 그러고 보면, 우리 자양초의 어린이들은 오늘도 세상을 바꾸는 일에 앞장서고 있는 것이다. 감사하는 마음이 나눔으로 이어지면 스스로가 달라지고, 우리 학교가 달라지고, 나아가 세상이 달라질 것이기 때문이다.

6

감사 나눔
실천 사례

01

학생들이 나눈 감사

선생님, 감사합니다. 🖋

1학년 3반 이서율

나는 자양초로 전학 왔을 때 조금 떨렸다. 그런데 선생님이 웃으며 위로를 많이 해주셔서 감사하다. 그리고 감사 노트, 독서여행, 글쟁이, 쓰기 연습 등을 친절하게 알려주셨다. 재미있게 해주셔서 덕분에 친구들을 아주 많이 사귀게 되었다.

그리고 딱지치기, 바둑알 컬링, 지우개 씨름까지 하게 해주셔서 쉬는 시간에 재미있게 놀 수 있었다. 이것 말고도 많은 수업과 활동을 해주셨다. 이렇게 많은 것을 알려주시고 할 수 있게 해주셔서 정말 감사하다. 선생님, 감사하고 사랑해요.

감사 나눔 실천 사례

감사로 변한 나의 생활 ✏️

2학년 1반 김지수

저는 1학년에 입학해서부터 감사 노트를 가족과 함께 매일 쓰게 되었습니다. 처음에는 뭘 어떻게 써야 하는지, 어떤 것이 감사인지 잘 몰랐습니다. 매일 쓰기도 싫었습니다. 하지만 지금은 나에게도 많은 변화가 생겼습니다. 특별한 일이 없어도 아주 작은 일에도 감사하게 되었습니다. 지금은 스스로 하루에 감사했던 일을 생각하며 하루도 빠짐없이 감사 노트를 쓰고 있습니다.

어떤 날은 감사한 일이 너무 많아서 하루에 3~4개를 쓰곤 합니다. 특히 "지수야! 오빠를 도와줘서 고마워!"라고 오빠가 쓴 감사 글 내용을 보는 날에는 저도 감사 노트에 오빠에 대한 고마움을 씁니다. 오빠에게 고마워도 말로 표현하지 못하는 게 많았는데 감사 노트에 쓰니까 좋습니다. 그래서 오빠와의 사이도 좋아지고 있습니다.

글로만 썼던 감사가 이제는 "감사합니다.", "고마워."라는 말로 자연스럽게 나옵니다. 행동으로도 나옵니다. 감사 노트를 쓰면서 변화된 나의 생활에 감사합니다. 앞으로도 계속 써나갈 것입니다. 항상 감사하며 지금처럼 학교생활 잘하겠습니다.

우리 학교에 감사합니다. ✏️
3학년 2반 이예람

저는 감사를 실천하기 전에는 엄마 말씀을 안 듣고 미디어만 보는 나쁜 아이였습니다. 제가 자양초를 다니게 되면서 저의 여러 가지 생활이 바뀌게 되었습니다. 저는 1학년 때는 "감사합니다"를 말로만 해봤지 쓰지는 않았습니다.

그래서 1학년 때 감사 노트 쓰기는 힘들고 버거웠습니다. 하지만 매일매일 감사 노트를 쓰게 되면서 감사라는 말을 더 많이 쓰게 되었고, 감사 노트에도 감사를 10개쯤 쓸 수 있게 되었습니다. 저는 오늘 이 글을 쓰면서 저의 발전에 대해 많이 생각하게 되었습니다.

저도 만일 커서 학교를 세울 수 있다면 제가 세운 학교에서도 감사 나눔 교육을 하고 싶습니다. 저는 자양초를 다닌 것이 엄청난 행운이라고 생각합니다. 제가 자양초를 다니지 못했으면 예전처럼 저의 태도를 반성하지 못했을 것입니다.

저는 감사를 실천하시고 우리를 감사하는 아이로 만드신 교장 선생님께 진심으로 감사합니다.

그리고 저와 함께 감사를 실천한 친구들에게도 감사합니다.

그리고 우리 반을 지도하시는 선생님께도 진심으로 감사드립니다. 자양초, 감사합니다.

감사란 무엇일까? 🖊️

4학년 4반 박경원

감사란 무엇일까?

감사란 나의 마음을 변화시켜 주는 것이다. 내가 힘들고, 지치고, 짜증이 날 때 감사는 나에게 기쁨을 선물해주었고, 위로해주었다.

감사란 내 마음을 알아주는 것이다. 내가 화가 났을 때 감사 일기를 쓰면 저절로 웃음이 나오고 기분이 좋아진다.

감사란 선생님이다. 감사는 선생님처럼 우리를 좋은 방향으로 이끌어준다.

감사는 다리처럼 든든한 버팀목이 되어준다.

감사란 지우개이다. 감사는 내 마음의 불평, 불만을 말끔히 지워준다.

감사란 물이다. 감사는 씨앗인 나에게 물을 주어 내가 점점 자라게 해준다.

감사란 집이다. 화라는 거센 바람이 몰려와도 나를 든든하게 지켜준다.

감사란 음식이다. 감사는 우리 마음의 배를 든든하게 채워준다.

감사란 만병통치약이다. 감사는 아무리 화라는 병균이 우리를 괴롭혀도, 마음의 병이 걸려도 다 낫게 해준다.

감사란 못과 망치이다. 감사는 '나'라는 바위를 다듬어 아름답게 만들어준다.

감사란 값진 보석이다. 감사는 나를 아름답게 치장해준다.

감사란 빛이다. 감사는 어둠을 밝혀주는 빛처럼 나를 비춰준다.

감사란 꽃이다. 감사는 향기로운 꽃처럼 기분을 좋게 만들어준다.

감사, 감사란 무엇일까? 내가 생각하는 감사는 바로 나누는 것이다.

세상에서 가장 행복한 사람은 감사하며 사는 사람
5학년 2반 장은이

감사란 자신에게 주어진 것에 행복해하고 고마워하는 것이다. 한 불행했던 여성이 감사 노트를 쓰게 되면서 자신이 가진 것에 감사하고 행복해졌다는 이야기가 있다. 이처럼 감사는 자신이 불행하다는 생각을 행복하다는 생각으로 바꿀 수 있는 신기한 능력이 있다.

예전에 나는 특별한 것에만 감사하는 건 줄 알았다. 그런데 지금은 사소한 것에 대한 감사도 주변에서 쉽게 찾을 수 있게 되었다. 내가 당연하다고 생각하는 일도 감사가 될 수 있다. 다른 사람의 칭찬도, 친구들과 함께 놀고 공부하는 것도 감사가 된다. 내가 생각하기로는 초보 감사자는 특별하거나 딱 그날만 있는 것에 감사하고, 중급 감사자는 주변에 있는 친구들이나 매주 반복되는 것에도 감사하고, 상급 감사자는 아주 세세하고 사소한 것에까지 감사하는 것 같다.

나는 아직 중급 감사자이다. 얼른 상급 감사자가 되어서 더 행복해지고 싶다. 《탈무드》에서는 "세상에서 가장 행복한 사람은 감사하며

감사 나눔 실천 사례

사는 사람"이라고 했다.

내 생각에 감사를 표현하는 방법은 여러 가지가 있다.

첫째, 감사한 일과 느낀 점을 직접 이야기한다.

둘째, 감사 노트에 그 감사했던 일을 쓴다.

셋째, "감사합니다."라고 말한다. 등등이다. 나는 감사 노트에 쓰는 둘째 방법으로 하고 있다. 세 번째 방법도 가끔씩 쓴다. 누가 나를 도와줄 때 "감사합니다." 하고 말하는 것은 예의이고, 나의 인사를 받은 사람의 기분도 좋아진다.

넷째 방법도 있다. 감사를 느낀 대상에게 더 친절하게 대하는 것이다. 그러면 그 대상이 꽃이든 사람이든 나에게도 더 친절하게 대해준다. 꽃은 좋은 음악을 들으면 잘 자라듯이 감사 표현을 받으면 더 좋은 향이 나고 더 잘 자랄 것이다. 사람들은 기분이 좋아져서 나에게 더 좋게 대해줄 것이다.

감사는 언젠가는 나에게 돌아온다. 위의 방법들을 통해 감사를 매일 하고 있다면, 감사한 대상이 언젠가는 나에게 감사를 하게 될 것이다.

감사는 '행복' 그리고 '고마움'과 같다. 만약 매일 감사를 하며 '행복'과 '고마움'을 느낀다면 언젠가는 나에게 다시 돌아와서 더 큰 행복과 고마움을 선물해줄 것이다.

감사 나눔을 실천하는 나의 생각과 모습 ✏️
6학년 3반 김서연

　감사라는 말은 누구나 다 아는 말이지만 결코 실천하기 쉽지 않습니다. 감사(感謝, thank you very much)란 고마움을 표현하는 인사 또는 고맙게 여김 또는 그런 마음입니다. 저희 학교에서는 감사 나눔을 실천하기 위해 제가 4학년 때 즉 2015년부터 감사 노트를 썼습니다.

　처음에는 '감사'라는 것이 당시 4학년이었던 저에게는 익숙지 않았습니다. 뭘 써야 할지도 몰랐습니다. 하지만 매달 한 번씩 감사 나눔 글쓰기를 하다 보니 생활에서 감사할 것이 참 많다고 느꼈습니다. 예전에는 작은 것에도 감사하지 못하고 엄마 아빠께 투정도 많이 부렸는데, 감사 노트를 쓰다 보니 지금까지 감사하면서 살지 않은 제 자신이 조금 후회스럽기도 했습니다. 또한 신기할 정도로 제 자신이 많이 변했습니다.

　거창한 것이 아니라 작은 것에 감사할 수 있다는 것도 느꼈습니다. 예를 들어, 매일 아침마다 신호등을 지켜주시는 녹색 어머니회분들, 학교를 지켜주시는 보안관 아저씨, 급식을 맛있게 만들어주시는 영양사 선생님, 매일 공부를 가르쳐주시는 담임선생님, 매일 아침 아침밥을 만들어주시는 엄마, 우리 가족을 위해 회사에서 열심히 일하시는 아빠, 말도 잘 듣고 착한 동생 등 주위에 감사한 사람이 정말 많다고 생각했습니다.

　5학년 때에는 우리 자양초가 감사 나눔 우수 학교로 뽑혔습니다.

　　　　　　　　　　　감사 나눔 실천 사례

선생님들이 교문 앞에서 "감사 나눔", "예뻐요", "멋있어요" 같은 팻말을 들고 등교하는 아이들을 기쁘게 해주시는 모습이 뉴스에 나가는 것을 보면서 우리 학교가 자랑스러웠습니다. 기분이 너무 좋았습니다.

6학년 2학기 10월이라서 이제 좀 있으면 중학교로 올라갑니다. 즐거운 6학년 생활을 마치겠지만 초등학교 때에 실천한 감사 나눔을 중학교, 고등학교, 대학교, 아니 어른이 되어서라도 계속할 것입니다. 노트에 하루에 감사한 것을 3~5개 정도 쓰면서 실천하고, 작은 것에도 감사하는 마음으로 살 것입니다.

72년 전통과 문화를 자랑하는 자양초의 자랑스러운 후배들에게도 감사합니다. 앞으로도 교장선생님, 담임선생님의 지도에 따라 매일 매일 꾸준히 감사 노트를 쓰면서 감사 나눔을 실천하는 멋진 학교가 되었으면 좋겠습니다.

02

선생님들이 나눈 감사

감사로 말랑해진 마음
2학년 4반 담임 정은지

교직에 대한 꿈과 이상을 키워가던 대학생 시절, 지인의 추천으로 《회복 탄력성》이라는 책을 읽은 적이 있습니다. 그 책은 우리 마음의 근력과도 같은 '회복 탄력성'에 대해 소개하고, 그 힘을 기르는 방법에 대해 알려주는 책이었습니다.

'회복 탄력성'이란 원래 제자리로 되돌아오는 힘을 일컫는 말로, 회복력 혹은 높이 되튀어오르는 탄력성을 뜻합니다. 우리에게 이 힘이 있다면 힘들고 어려운 일을 당했을 때 마음이 바닥을 쳐 깨지는 대신에 고무공처럼 다시 튀어올라 원래 있던 자리로, 혹은 더 높은 곳으로 올라설 수 있을 것입니다.

제가 감사 나눔에 대한 글에 이 이야기를 먼저 꺼낸 이유는 이 책에서 소개하는 '회복 탄력성'을 키우는 방법 때문입니다. 이 책에서

감사 나눔 실천 사례

는 그 두 가지 방법으로 '감사하기'와 '운동하기'를 꼽습니다. 유리공 같이 약하고 깨지기 쉬운 마음을 가지고 있는 요즘 아이들에게 고무공같이 말랑말랑한 마음을 길러주고 싶었던 저는 선생님이 되면 꼭 감사 교육을 하겠다고 다짐했었습니다.

2015년 봄, 드디어 서울 자양초에서 저의 첫 교직 생활을 시작하게 되었습니다. 그런데 신기하게도 제가 따로 학급에서 감사 교육을 할 필요가 없었습니다. 이미 학교 전체에서 감사 나눔 교육을 실천하고 있었던 것입니다. 그래서 참 감사하다는 마음을 가지고, 감사 나눔 교육을 시작했습니다.

자양초에서 감사 나눔을 실천한 지 3년째 되는 해인 올해, 학교에서는 감사 나눔 사례집을 발간하기로 했습니다. 제가 올해 맡은 아이들은 아직 어린 2학년이라 솔직히 사례 글에 큰 기대를 하지 않았습니다. 그런데 아이들의 감사 나눔 실천 사례들을 읽어 보고 생각이 달라졌습니다. 그동안 가꾸어온 우리 학교의 감사 나눔 교육의 열매를 보는 것 같은 기분이 들었습니다. 아이들이 처음보다 감사 노트 쓰는 시간이 짧아졌다는 이야기에, 감사 노트를 1~2년 쓰다 보니 감사할 제목들이 더 빨리, 더 쉽게 떠오른다는 이야기에 놀랐습니다.

또 자기가 쓴 감사 노트를 읽어 보며 자신이 사랑받고 있다는 사실을 더 잘 느낄 수 있다는 말에 감사했습니다. 아이들의 감사 노트는 언젠가 자신이 세상에 혼자라고 느껴질 때 든든한 버팀목이 될 것입니다. 아이들은 지난 감사 노트에서 그래도 아침밥을 챙겨주시던 부모님, 머리를 쓰다듬으며 칭찬해주시던 선생님, 쉬는 시간에 같이 팽이 돌리며 놀던 친구들 등 많은 이에게 사랑받았던 경험을 떠올리며 혼자가 아니라는 사실을 깨달을 수 있을 것입니다.

처음 감사 교육을 하겠다고 다짐했을 때, 저의 소망은 아이들의 마음이 조금이라도 고무공처럼 말랑말랑해지는 것이었습니다. 감사의 제목이 금방금방 떠오를 만큼 감사가 습관이 된 아이들, 감사 노트를 읽으며 자신이 사랑받고 있다는 사실을 다시 한 번 되새기는 아이들을 보며 이것이 진짜 내가 꿈꾸던 바가 아니었나, 생각해봅니다.

감사 교육 3년차, 우리 학교의 감사 나눔 교육은 아이들의 삶 속에 깃들었습니다. 말랑말랑해진 아이들의 마음이 나중에 어른이 되어 세상에 나가더라도, 어떤 힘든 일을 만나 마음이 바닥에 떨어지더라도, 깨지지 않고 다시 튀어오를 '회복 탄력성'이 되어줄 거라 기대합니다.

저도 감사함으로 지금 이 마음 잊지 않고 아이들 마음에 감사의 씨앗을 심는 일을 계속하겠습니다. 아이들의 마음도, 저의 마음도 감사로 말랑해져서 세상 속에서 깨지지 않는 마음들이 되기를 소망합니다.

감사가 준 기회 ✏️
3학년 4반 담임 방은희

창문 밖으로 보이는 자연의 색이 어느덧 노랗고 붉게 바뀌어가고

감사 나눔 실천 사례

있습니다. 자연은 너무나 감사하게도 우리가 주는 것도 없는데, 때마다 이처럼 아름다운 경관을 선물 주어 늘 미안하고 감사합니다.

제가 자양초에 온 지도 벌써 두 해째가 되어가고 있습니다. 처음으로 학교를 옮기면서 헤어짐의 슬픔을 느꼈고, 새로운 학교에 대한 두근거림과 걱정도 많았었는데, 벌써 두 해가 다 되어가고 있습니다. 빠른 시간이 아쉽기도 하고, 슬픈 감정을 흘러가게 해주는 시간이 감사하기도 합니다.

'감사 나눔'. 이 말이 우리 자양초의 특색이라는 이야기를 처음 들었을 때는 참 평범하다고 생각했습니다. 감사하다는 말은 어릴 때부터 부모님께 열심히 교육 받았고, 평소에 자주 하는 말이라고 생각했기 때문에 그렇게 특별한 것이라고 생각하지 않았습니다.

하지만 자양초에서 2년 동안 다양한 감사 나눔 활동을 학생들과 함께 전개하면서 '감사' 그리고 '나눔'은 더 이상 평범한 것이 아님을 알게 되었습니다. 생활 속에 깊숙하게 자리 잡고 있어서 평범하게 느끼고 있었다는 사실, 그리고 그 어떤 것보다도 특별한 의미를 담고 있다는 사실을 비로소 느끼게 된 것입니다.

자양초에서 생활하며 느낀 감사들은 너무나 많습니다. 그중 자양초에 처음 와서 낯설고 쭈뼛쭈뼛한 모습의 선생님을 이해해주고 반겨준 우리 5학년 4반 친구들, 정말 감사합니다. 1년이 지났지만 선생님은 아직도 여러분이 보고 싶습니다. 여러분이 있어 선생님의 교직 생활에 감사라는 열매가 더욱 주렁주렁해졌습니다. 항상 이것저것 해보고 싶은 열정 넘치는 선생님이 힘들고 부담스러웠을 텐데, 항상 밝은 얼굴로 함께해주어서 늘 고맙고 감사했습니다.

지금 선생님과 함께 생활하는 우리 3학년 4반 친구들, 정말 감사합니다. 여러분이 선생님한테 베푸는 사랑이 있어 선생님은 오늘도 힘을 내고 있습니다. 이처럼 사랑 많고 따뜻한 친구들을 만났다는 사실에 선생님은 늘 감사드리며, 더 큰 사랑을 우리 반 친구들에게 보내주고자 더 많이 노력하고 있습니다.

올해는 저도 감사 나눔을 실천한 지 2년차가 되었기에 조금은 업그레이드를 해보고자 우리 3학년 4반 친구들에게 감사한 마음이 들 때마다 사탕을 한 개씩 차곡차곡 모으고 있습니다. 퇴근하고 잠들기 전에 고마웠던 것을 생각하며 사탕 통에 사탕을 하나씩 넣다 보니 벌써 사탕 통이 세 통이 넘었습니다. 모아진 사탕 통을 보면서 감사가 주는 행복한 느낌을 담뿍 느끼고 있습니다.

감사 나눔을 교육하는 것에 그치지 않고 저도 함께 실천해보니 제가 얼마나 행복한지 알 수 있었습니다. 더불어 우리 반 친구들에게도 사랑과 감사를 나누어주는 선생님이 되기 위해 더 많은 노력을 하게 되었습니다. 이제 '감사'는 오히려 제가 더 나은 사람으로 발전할 수 있도록 특별한 기회를 주고 있습니다. 작은 일을 바라볼 수 있는 마음, 내가 더 감사하기 위해 낮아지는 태도, 상대방의 마음을 이해하는 자세를 실천하라고 내게 말하고 있습니다.

자양초에서 3년차가 될 때 제 모습은 또 어떻게 변해 있을지 기대가 됩니다. 저는 어떤 친구들과 만나 어떤 감사 나눔 활동을 하며, 감사 나눔을 업그레이드하기 위해 어떤 노력을 하고 있을까요?

감사 나눔 실천 사례

사람과 사람을 이어주는 소통의 말 '감사'
6학년 2반 담임 지윤경

말은 하면 할수록 손해라는 말이 있다. 아마도 말실수를 항상 경계하라는 선조들의 지혜가 담겨 있는 조언일 것이다. 하지만 하면 할수록 득이 되는 말이 있다. 바로 "감사합니다."라는 말이다. '감사'는 들으면 들을수록, 쓰면 쓸수록 기분이 좋아져 사람 간의 관계를 돈독하게 해주는 단어이기 때문이다. 나 또한 '감사'를 생활 속에서 실천하면서 '감사의 힘'을 직접 경험해보았다.

작년 3월 두근거리는 마음으로 첫 담임을 맡게 되었다. 첫 제자인 만큼 그 기대가 높았기에 학생들이 나의 생각대로 따라주지 못할 때는 화도 많이 내고 속상해 한 적이 많았다.

그러던 차에 다른 반 선생님께서 학생들과 함께 감사 노트를 적는 것을 보게 되었다. 매일 모든 학생의 감사 노트에 답글을 적어 주는 것이 굉장히 수고스러워 보였지만 학생들에게 어떠한 변화가 일어날지 궁금했기에 학생들의 감사 노트에 함께 감사를 적어 보기로 결심했다.

20명 남짓의 작은 학급이었기에 누구보다 학생 개인에 대해 자세히 알고 있다고 자부하고 있었지만 생각보다 학생들에 대한 감사를 생각하는 것은 어려운 일이었다. 또한 매일 적어야 했기에 학생의 잘하는 특기 한 가지를 칭찬하는 정도로는 매일의 감사를 채울 수가 없었다.

학생들의 감사 노트를 채워주기 위해 그날부터 학생 한 명 한 명을 자세히 관찰하기 시작했다. 쉬는 시간, 점심시간의 학생들의 모습은 수업 시간과는 사뭇 달랐다. 수업 시간에 가만히 앉아 있어 별 다른 특징을 찾을 수 없었던 아이들에게서 새로운 모습들을 찾게 되었다.

수업 시간에 마냥 장난만 치고 집중하지 못하던 아이가 스스로 쓰레기를 줍는 모습에, 자신의 생각을 멋진 문장으로 표현하는 모습에, 그동안 내가 얼마나 학생의 두드러지는 모습에만 사로잡혀 있었는지를 알게 되었다.

또한 수업 시간에 어려운 문제를 포기하지 않고 해결하려는 태도를 보이거나, 평소와는 다르게 변화하려는 노력을 보였을 때는 놓치지 않고 기억하기 위해 한 번 더 칭찬을 해주었다.

학생들은 선생님의 '감사 한 줄'을 보기 위해 감사 노트를 더 열심히 적었다. 나는 학생들에게 '감사 한 줄'을 적어주기 위해 그들을 한 번 더 보게 되었다. 감사는 나로 하여금 학생들을 관찰하게 만들었고, 학생이 저마다 가진 다양한 모습을 이해할 수 있게 도와주었다.

내가 매일 적어주는 한 줄이 학생들에게 어떠한 의미를 주었는지는 똑똑히 알 수 없다. 하지만 적어도 우리 반 학생들은 그 '한 줄'처럼 지내보려고 한 번씩은 다짐해 보았을 것이다.

자신의 생각을 다른 친구들 앞에서 말하는 것을 어려워하고 주저하던 아이가 있었다. 아이는 감사 노트를 열심히 쓰더니 어느 날 발표할 용기를 냈다. 다음 날에도 발표는 이어졌다. 처음에는 하루에 한 번 정도 발표를 하던 아이가 점차 수업 시간에 손드는 횟수가 늘

감사 나눔 실천 사례

어났고, 발표할 때 들리지 않던 목소리가 점점 자신감을 띠게 되었다. 나는 그 아이가 수업 시간에 발표를 하려고 손을 들 때마다 빠짐없이 감사 노트에 적어주었다.

이처럼 '감사'는 나의 '첫'제자들에 대한 특별한 추억을 갖게 해주었다. 그리고 그들과 더 깊게 소통할 수 있는 매개가 되어주었다. 감사는 학생들과 나의 관계를 긴밀하게 연결해주는 것에서 더 나아가 그 관계를 더 견고하게 해주었고, 서로가 더 긍정적인 방향으로 변화하게 만드는 원동력이 되었다.

현재 담임을 맡고 있는 6학년 학생들에게도 여전히 '감사의 힘'을 느끼고 있다. 나는 학생들에게서 늘 감사할 거리를 찾는다.

감사한 모습으로 가득한 학생들은 언제나 나에게 힘이 되어준다. 하루를 시작할 수 있는 에너지를 준다. 프랑스 속담에 "사랑하는 것을 얻을 수 없다면 얻은 것을 사랑하라."라는 말이 있다. 학생은 나의 선택의 결과가 아닌, 이미 나에게 주어진 선물이다. 이러한 아이들에게 감사하고, 감사한 만큼 사랑한다면 그 학생들은 나에게 최고의 제자가 될 것이다.

03

학부모들이 나눈 감사

'감사'라는 따뜻한 말 한마디가 가져온 변화
4학년 3반 강병찬의 어머니

'감사'라는 단어가 저에겐 생소했습니다. 사랑하는 아들이 자양초에 입학하면서 저의 가치관과 세상을 바라보는 시선은 깊고 넓어졌습니다. 덕분에 '나'를 생각하는 마음이 변하고, 친정식구, 시댁식구, 이웃들을 대하는 나의 마음이 변화했습니다. 나의 울타리들과 더 친밀해지고, 더 많이 웃을 수 있게 되었습니다.

제일 큰 변화는 저의 사랑스러운 아들과의 관계입니다. 전 항상 으르렁거리는 사자이고, 아들은 제 눈치를 보면서 힘들게 따라와 주는 가여운 토끼였습니다. 모든 것들이 당연했고, 다들 그렇게 한다고 생각했기에 조금도 미안해하거나 고맙다고 느끼지 못했습니다. "해라! 해라!" 하루에 수십 번은 넘게 질러대고, 반항할 수 없는 어린 아들은 "깨갱깨갱……." 울면서 시키는 것을 했으니까요. 감사를 배우면

감사 나눔 실천 사례

서 제가, 그리고 아들이 마음이 따뜻해졌습니다. 이제는 마음의 울림소리를 듣고 반성할 줄 알고, 이제는 서로에 대한 이야기를 스스럼없이 나눌 줄 압니다.

요 며칠 동안 감사 실천 사례를 어떻게 쓸까 고민하면서 과거 아들의 기억을 떠올려보고, 사진첩도 보고, 동영상도 보며 즐거운 하루를 보낼 수 있었습니다. 출산의 신비로움도, 육아의 시작도, 모두 사랑하는 아들이 있었기에 가능했습니다. 3.1kg으로 태어나 건강하게 잘 자라주었기에 힘든 기억, 슬퍼서 울었던 기억은 거의 없습니다. 정말 감사한 일들뿐인 소중한 아들 강병찬입니다. 태명이 '복 돼지'여서인지 태어나던 해에 집도 장만하고, 좋은 차로 바꾸고, 신랑이 승진도 하고, 정말로 복이 굴러들어왔다는 표현이 딱 맞는 아이입니다.

"이런 소중하고 축복인 나의 아들, 병찬아! 엄마의 아들로 태어나주어서 정말 고마워. 병찬이의 앞날에 밝은 등불이 될 수 있는 부모가 되도록 노력하면서 바르게, 열심히 살게!"

사랑스러운 병찬이를 자녀로 둔 엄마였습니다. 감사합니다.

고맙습니다, 사랑합니다, 감사합니다. 🖊

4학년 1반 김도원, 6학년 2반 김도수의 어머니

안녕하세요. 저는 6학년 2반 김도수, 4학년 1반 김도원의 엄마입니다. 가족, 이웃, 선생님 모든 분들께 감사의 마음을 전하려니 벌써

부터 마음이 많이 따뜻해지는 듯합니다. 감사하는 마음을 가슴에 담는 순간에 저도 상대방도 마음이 따뜻해지는 듯합니다.

먼저 부모님께 감사합니다. 부모가 되기 전에는 깨닫지 못했는데 부모가 되어서야 모든 것이 감사하다는 것을 알았습니다. 저희를 아낌없이 사랑으로 키워주셨듯이 저 또한 아이들에게 아낌없이 사랑을 듬뿍 주며 키우겠습니다.

아이들 아빠께 감사합니다. 힘들어도 힘든 내색 안 하고, 아이들에게 맛있는 요리 자주 해주고, 신나게 몸으로 놀아주는 멋진 아빠께 감사합니다.

첫째 도수에게 감사합니다. 어느덧 엄마 키 근처로 커버린 큰아들 도수, 동생들에게 솔선수범하고, 아빠 엄마께 존댓말 잘하고, 자기 일 스스로 잘하고, 동생들 잘 챙겨주는 의젓한 도수가 있어 엄마는 힘이 나고 감사합니다.

둘째 도원에게 감사합니다. 장난꾸러기이지만 항상 아빠 엄마께 웃음과 행복을 주고, 동생 잘 보살피고 잘 놀아주는 든든한 도원이 감사합니다.

주위에 항상 좋은 이웃이 있어 감사합니다. 친절하게 다가와주시고, 좋은 것 맛있는 것 있으면 나눠주시고, 즐거울 때나 슬플 때나 늘 가까이에서 더 많이 웃게 해주시고, 위로와 힘을 주시는 이웃이 있어 감사합니다.

선생님께 감사합니다. 아이들이 올바른 길로 갈 수 있게끔 사랑으로 가르쳐주시고, 칭찬 많이 해주시고, 배려와 양보를 할 줄 아는 사람으로 자라날 수 있게 해주셔서 감사합니다.

감사의 글을 쓰다 보니 감사한 사람들이 떠오르며 저절로 입에게 미소 짓게 합니다. 감사를 통해 행복을 느끼게 해주신 교장선생님께도 감사합니다. 앞으로 더 많이 감사하며 살겠습니다. 감사의 마음을 전하면서 마음이 따뜻해져 올 겨울은 더더욱 따뜻할 것 같습니다. 감사합니다.

언제나 감사 🖊

3학년 3반 최주리, 6학년 2반 최승리의 어머니

언젠가 '아이들과 함께 부를 좋은 노래 없을까?' 하며 여기저기 살펴보다 발견한 〈감사 쏭〉! 가사가 너무 마음에 와닿아 반가운 친구를 만난 양 아이들과 즐겁게 불렀습니다.

"그래서 감사, 그래도 감사, 그러나 감사, 그러므로 감사, 그렇지만 감사, 그럼에도 감사,

그러니까 감사, 아주 그냥 감사, 그리 하실지라도 감사, 그리 아니하실지라도 감사, 그럼에도 불구하고 감사, 이래도 감사, 저래도 감사, 매일매일 감사, 항상 감사,

쉬지 말고 감사, 범사에 감사, 범사에 감사……."

가사를 되뇌며 '감사란 무엇일까?' 내 마음 가운데 수십 번 질문을 던졌던 기억이 납니다. 감사란 무엇일까요? 벌써 두 번째 맞는 감사

축제이지만 작년과는 또 다른 의미의 감사로 다가오는 것은 왜일까요? 아마도 감사의 생활화로 인해 더욱더 성숙한 감사의 자세를 갖게 되었기 때문이 아닌가 싶습니다.

과거에는 아이들이 바르게 잘 크는 모습에, 무엇인가 크게 성취하였을 때, 우리 가족에게 또는 지인들에게 기쁜 소식이 들려올 때 감사의 고백을 했습니다. 그런데 이제는 감사하지 못할 상황에서도, 원망과 불평이 터져나올 순간에서도 감사할 수 있는 마음이 생긴다는 것이 이전과는 달라진 점입니다. 그건 아이도 마찬가지인 것 같습니다. 지난 1학기 때 주리가 한 표차로 회장 선거에서 떨어졌을 때 이렇게 말했습니다.

"괜찮아요! 2학기 때 다시 하면 되니까요. 2학기 때는 꼭 회장이 되고 싶어요!"

예전 같으면 충분히 불평할 수 있는 상황인데도 긍정적으로 생각하고 씩씩함을 잃지 않는 주리의 모습에 감사했습니다.

또, 큰아이 승리는 간혹 자신감 없어 하곤 했는데, 감사의 생활을 습관화함으로써 원망하고 불평할 수 있는 상황에서도 긍정적인 마음을 갖는 변화를 이루어냈습니다. 아무 문제없이 자신의 문제를 스스로 해결해 나가는 모습을 보면, '우리 아이가 바로 감사의 열매구나!'라는 생각이 듭니다.

얼마 전 절친한 지인분이 아무 예고도 없이 갑자기 쓰러져서 생사를 오가는 갈림길에 놓이게 되었습니다. 지난날의 저라면 '우리에게 왜 이런 일들이 일어날까? 정말 남에게 베풀며 열심히 살려고 노력하셨는데, 왜 이런 불행이 찾아온 거지?'라고 생각했을 것입니다. 하지만 저는 '그래도 다행이야. 늦게 발견돼서 심장이 멈출 수도 있었는데, 심장이 뛰고 있으시잖아. 이건 기적이야! 기적!' 하면서 긍정의 고백을 했습니다. 이것이 바로 '그리 아니 할지라도 감사할 수 있게 된 감사의 힘'인 것 같습니다.

2017년 올 한 해 동안 불행과 절망을 소망과 희망으로 바꿀 수 있는 감사의 선물을 깨닫도록 이끌어주신 교장선생님, 교감선생님 감사드립니다. 두 아이들을 정성껏 지도해주시는 김은혜 선생님, 지윤경 선생님, 지금 이 순간에도 수고하시는 여러 선생님들 감사드립니다. 사랑하는 감사의 열매 주리와 승리, 그리고 오늘도 함께 감사의 생활을 실천해나가는 모든 분들께 진심으로 감사드립니다!

초심을 일깨워준 감사 노트
6학년 1반 염지석의 아버지

초등학교를 입학한 지가 어제 같은데 벌써 열세 살 졸업을 앞둔 지석이를 생각하니, 세월이 참 빠르다는 생각을 합니다.

저는 여느 초등학교 아빠와 같은 평범한 가정의 가장으로, 가끔 아이 숙제를 돌보아주다 보면 저의 어릴 적과는 너무나 다른 환경임을 느낍니다. 두려움 반 어려움 반으로 아들의 숙제를 돌보아주는 일을 점점 회피하고 있는 저 자신을 발견하게 되었습니다. 그즈음 감사 노트에 매일 감사한 일을 적어오라는 숙제를 받았습니다. 처음에는 '무슨 이런 이상한 숙제를 부모에게 맡기나?' 하는 생각이 문득 스쳐지나 갔습니다. 감사 노트가 저와 저의 가정에 작지만 커다란 변화를 가져다줄 줄 미처 몰랐던 것입니다.

감사 노트 쓰기가 어렵고 막막하게 느껴졌습니다. 그래서 그냥 생각을 단순화시켰습니다. 우리 삶에서 표현을 하지 못하고 그냥 지나쳤던 순간들을, 초심을 잃지 말자던 약속들을 글로 하나하나 풀어가자고 생각했습니다. 그렇게 감사의 글을 완성해보았습니다.

저는 태어나서 지금껏 부모님께 감사하다는 마음을 잘 표현하지 못했습니다. 또 사랑하는 지석 엄마에게도 만남의 순간부터 현재까지 감사하다는 말, 사랑한다는 말을 거의 하지 못했습니다. 지석이와 우석이에게도 건강하고 씩씩하고 밝게 자라주는 것에 대해 고맙다는 말을 하지 못했습니다. 저는 그것들을 감사 노트에 표현하게 되었습니다.

이제는 지석이가 커가면서 한 해 한 해 저와의 대화 시간이 줄어들고 있는 느낌입니다. 1970, 80년대 전형적인 무뚝뚝한 아버지 밑에서 자란 저는 우리 지석이, 우석이에게만큼은 많은 대화를 나누는 친구 같은 아버지가 되겠다는 다짐을 하고 있었습니다. 하지만 시간이 흐르면서 저도 우리 아버지처럼 대화의 창을 닫고 있었음을 깨닫게 되었습니다.

그때, 이 감사 노트 숙제가 창을 열어주었습니다. 저와 두 아들 사이의 조그마한 대화의 통로를 만들어주었습니다. 감사의 글 한마디로 말보다 더 깊은 대화를 나누게 해주었습니다.

초심을 잃지 말자는 다짐으로, 제가 지금 맡고 있는 사업장에서도 점장, 직원, 그리고 아르바이트생들에게까지 늘 제 맘속에 있는 감사를 표현하려 애쓰고 있습니다. 무사고로 일해주는 고마움, 솔선수범해주는 고마움, 책임감 있게 믿음직스럽게 일해주는 고마움을 노트가 아닌 통신사의 힘을 빌려서 전하고 있지요.

나를 일깨워주고, 우리 가정에 힘을 불어넣어주고, 생활의 터전에 발전을 주는 '감사 노트'. 저는 이 노트를 쓰며 알게 된 감사 표현의 중요성을 잊지 말자고 다짐 또 다짐하며 살고 있습니다. 또한 우리 지석이가 매사에 적극적이면서 성실하고, 초심을 잃지 않는 멋진 남자가 되어줄 것을 저는 믿습니다.

항상 새로운 마음으로 모든 일들에 감사하며 열심히 꿈을 이루겠습니다.

고맙습니다! 나를 일깨워주고 초심을 잃지 않게 해준 감사 노트!

04

내가 나눈 감사

직장에는 보람을, 가정에는 행복을!

감사를 만난 것이 나에게는 참으로 행운이다. 감사를 몰랐다면 아마 내면의 욕구로 인해 많은 갈등을 겪었을 수도 있었다. 내가 감사를 만나면서 가장 변화된 사실은 내면의 욕구를 학교생활이나 가정에서 많이 내려놓게 되었다는 것이다.

사람은 누구나 자신의 욕구가 채워지지 않을 때 불만이 생기기 마련이다. 그런 불만을 감사나 긍정의 생각으로 승화시킬 수 있다는 것을 나의 직접 경험으로 알게 되었다. 감사를 생각하면 마음이 편해지고 행복감을 느낄 수 있다.

감사 교육을 시작한 후 지금까지 5년 동안 하루도 빠짐없이 감사노트에 감사한 내용을 썼다. 감사 일기 쓰기는 이제 고칠 수 없는 습관이 되었다. 하루라도 쓰지 않으면 마음이 불편하고, 하루의 행복함을 느끼기가 어렵다. 저녁에 감사한 사람과 감사한 일을 생각하면서

감사 나눔 실천 사례

감사 노트 쓰는 시간이 하루 중 가장 행복하다.

감사 나눔 교육을 처음 시작했던 서울 오현초등학교. 그곳을 떠나올 때 함께 근무한 모든 교직원들에게 감사 편지를 썼다. 한 분 한 분에게 감사했던 일을 떠올리면서 감사 글을 쓰다 보니 내 자신이 행복해지고 입가에 미소가 번졌다. 몸소 체험해보지 않고서는 느낄 수 없는 감정이었다.

아이들이 준 사랑해요 감사장
시작은 작은 감사의 기록으로 시작되었지만 결국 인성 전체의 변화를 가져온 혁명이었다.

가장 기억에 남는 분이 있다. 전기 계통에 전문인 주무관님이다. 주무관님은 학교의 모든 시설을 너무나 깔끔하고 안전하게 잘 관리를 해주었다. 교장실에서 감사 편지를 건네드릴 때 주무관님은 눈물을 글썽였다. "평생에 이렇게 소중한 편지는 처음 받아봅니다." 하면서 편지를 코팅해서 오랫동안 보관하겠다고 말했다.

여사님도 감사 편지를 받고는 나의 손을 꼭 잡고 눈물을 글썽였다. 여사님 역시 이런 감사 편지를 처음 받아본다며 정말 감사하다고 인사했다. 감사 편지를 받는 모든 분들의 얼굴 표정이 정말 행복해 보였다. 그런 행복한 표정을 보면서 내가 잘하고 있구나 하는 생각을 하게 되었다.

오현초등학교에서 떠나올 때 선생님들도 나에게 감사 편지를 모두 써주었다. 송별식에서 감사 편지 낭송을 들으며 가슴도, 눈시울도 뜨거워졌다. 뜨거운 눈물이 한참을 멈추지 않았다.

아이들도 그동안 감사한 것을 공책 한 권에 한마디씩 빽빽이 적어서 선물로 주었다. 그렇게 오현초등학교에서 6개월 감사의 씨앗만 뿌리고 자양초등학교로 떠나게 되었다.

자양초등학교에서는 감사 교육을 특색사업으로 선정해서 4년 동안 본격적으로 운영했다. 한편 이곳에서도 선생님들이 전근 갈 때마다 그동안의 감사한 일에 대해 감사 편지를 써주었다. 선생님들은 그 감사 편지를 읽고는 나에게 감사의 답장을 남기고 떠났다. 그 감사 편지에 나는 또 감동을 받았다. 이렇게 감사는 서로서로 좋은 관계를 유지하려는 마음을 우러나게 한다.

나는 가정에서도 감사 실천을 하고 있다. 가족들 생일 때마다 10 감사씩 써서 감사 편지를 주었다. 어떤 선물보다도 가치 있고 좋은 선물이라고 생각한다.

결혼한 딸이 신혼여행에서 돌아올 즈음이었다. '선물로 무엇을 줄까?' 고민하다가 딸에게 100감사를 써주기로 마음먹었다. 어렸을 때부터 딸과의 추억을 더듬으며 족자에 100감사를 쓰기 시작했다. 오래전 추억이 머리를 스쳐가면서 행복감, 서글픔 등 여러 가지 감정이 뒤섞였다.

'어느새 이렇게 커서 결혼을 하게 되었을까?'

그런 생각에 이르니 빠른 세월이 아쉽게 느껴졌다.

딸이 100감사 족자를 받으면서 깜짝 놀랐다. 생일 때마다 엄마에게 10감사를 적은 편지를 받아보기는 했지만, 이렇게 100가지나 되는 감사를 족자에 써서 주리라고는 전혀 생각을 못했기 때문인 듯했다. 엄마와의 추억이 고스란히 잠겨 있는 100감사 족자를 읽으면서 딸은 소리 없이 눈물을 흘렸다.

딸이 결혼한 후 감사 편지 써줄 사람이 한 명 더 생겼다. 자랑스럽고 멋진 사위이다. 아직까지는 생일 때 10감사만 써서 주었다. 사위는 처음 받아보는 10감사 편지에 당황했지만 기뻐하며 고마워했다.

이렇게 딸과 사위에게 10감사를 써서 전달하다 보니, 아이들도 어버이날이나 내 생일에 10감사를 써서 꼭 전해준다. 서로에게 감사의 마음을 전하면서 가족이 더 사랑하고 행복한 시간을 보내게 된다.

언젠가 감사 경영 지도자 과정 연수를 듣게 되었다. 수업 중에 가족에게 100감사 쓰기가 있었다. 딸에게는 이미 신혼여행 갔다 돌아올 때 100감사를 써주었기 때문에 남편에게 쓰기로 했다. 역시 남편에게 100감사를 쓰는 동안도 많은 감정이 올라왔다. 처음 만났을 때부터 시작해서 결혼하고 아이들 키우면서 지금까지 함께 살아온 시간까지 여러 가지 추억을 되새기며 100감사를 쓰기 시작했다. 처음에는 100감사를 찾을 수 있을까 하는 마음으로 시작했는데, 막상 그동안의 추억을 생각하며 쓰다 보니 감사한 일들이 너무나 많았다. 지금까지 건강하게 서로 의지하고 살아왔음에 정말 감사한 마음이 들었다.

100감사를 써서 남편에게 전달했다. 100감사 족자를 받은 남편은 너무나 감동받은 표정이었다. 티 없이 맑은 어린이의 웃음이 남편의 얼굴에서 피어났다. 덩달아 나도 함께 환하게 미소 지었다. 감사 글 쓴 것을 읽으면서 남편은 눈시울을 붉혔다.

이제는 남편도 감사 글을 쓰고 있다. 우리 가족의 바람직하고 행복한 변화다. 말로 다 표현하지 못하는 것을 감사 글로 써서 전하는 것은 가족이 다함께 행복으로 가는 지름길이라고 생각한다.

감사꽃 활짝 핀 정년퇴임식

"퇴직 선물로 뭐 해줄까?"

지난해 정년퇴직을 코앞에 둔 내게 남편이 던진 질문이었다. 나는 별다른 주문을 하지 않았다. 그러자 남편이 갑자기 물었다.

"100감사 써줄까?"

"100감사 쓰기가 쉽지 않을 텐데……."

나는 별 생각 없이 대답하고 그냥 지나쳤다.

그러던 어느 날 남편의 책상 위에 무엇인가 빼꼼히 적힌 종이가 있었다. 호기심이 동해 읽어 보게 되었다. 그 내용은 나를 위해 쓰고 있는 100감사였다. 나와의 삶에서 그동안의 여러 가지 일들을 생각하며 감사한 내용을 적은 것이다.

남편이 100감사 쓰기가 쉽지 않을 것이라 생각하고 기대를 전혀

감사 나눔 실천 사례

안 했었는데, 바쁜 중에도 아내를 위해 100감사를 쓰고 있었던 것이다. 아직 완성하지 못한 100감사의 내용을 읽다가 나도 모르게 눈물을 주르르 흘렸다. 내가 생각하지 못한 여러 가지에 대해 남편은 감사의 마음을 표현하고 있엇다.

남편이 글을 잘 쓰리라고는 생각지도 못했는데 글솜씨도 나무랄 데 없었다. 생각 외로 감사의 표현을 진실하고 감동적으로 잘 썼다. 내가 남편에게 써준 것보다 훨씬 나았다.

남편은 결국 며칠 만에 100감사 쓰기를 끝마쳤다. 바쁜데도 며칠씩 걸려 노력한 남편에게 너무나 감사했다. 완성된 100감사 족자는 퇴임식에서 받기로 했다. 딸이 아빠가 쓴 100감사를 보고는 본인도 엄마 퇴임식 때 100감사를 준비하겠다고 했다.

퇴임을 앞둔 그해 5월부터 그동안 함께 근무한 전체 교직원에게 하루 한 분씩 감사의 편지를 썼다. 바쁜 일상이지만 집에서도 쓰고 학교에서도 틈틈이 썼는데, 방학이 끝나갈 쯤에 겨우 마무리가 되었다. 40년을 마무리하면서 쓰는 감사 편지라 그런지 다른 때보다 더 가슴이 뭉클하고 감사도 진했다. 다시 한 번 깨달은 것은 모든 분에게 감사 편지를 쓰는 일이 힘듦이 아니라 행복이었다는 점이다.

나는 개학하기 전에 학년별로 그동안 서로 하고 싶은 이야기를 나누면서 감사 편지를 전달했다. 감사의 마음으로 정년을 마무리할 수 있음에 진심으로 감사하며 드렸다. 참 행복한 시간이었다. 선생님들의 지도로 많은 학급에서 아이들이 나에게도 감사 편지를 써주었다.

마지막 방송조회에서 퇴임인사를 하게 되었다. 학생 대표가 감사의 글을 읽었다. 눈물이 나오려고 하는 것을 간신히 참았다. 조회가 끝나자 갑자기 아이들이 학급별로 교장실에 들어왔다. 아이들이 나를 붙들고 울었다. 그 바람에 나도 참았던 눈물을 왈칵 쏟고야 말았다. 감사의 마음과 이별의 서운함이 한데 엉켜 특별한 감정이 담긴 눈물이었다.

드디어 41년의 교직생활 대단원의 막을 내리는, 정말 잊을 수 없는 2018년 8월 30일!

떠나는 선생님들의 송별식과 함께 나의 퇴임식을 교직원들과 간단하게 식사하면서 치르게 되었다. 교직원들이 한 분 한 분 감사의 메시지를 족자에 써서 내게 주었다. 가장 의미 있고 소중한 퇴직 선물이었다. 대표 선생님이 감사 족자에 있는 감사 글을 읽어줄 때는 가슴이 울컥했다. 지금도 그때의 그 감정과 고마움을 잊을 수가 없다. 선생님들에게 너무나 감사하다.

이어서 남편이 써준 100감사 족자와 딸이 써준 100감사 족자 전달식이 있었다. 딸과 사위가 감사 글을 읽을 때 눈물이 솟구쳤다. 퇴임식에 참석한 모든 분들이 정말 감동적이었다고 소감을 말했다. 선생님들의 감사 글과 가족의 감사 편지를 들으면서 나 자신을 많이 돌아보게 되었다. 이렇게 서로에게 감사한 마음으로 감동적인 퇴임식을 하게 된 것은 감사 교육의 결과라는 생각이 들었다. 4년간의 감사 교육 운영으로 인해 학교의 모든 교직원이 서로에게 감사하게 되었다. 그것을 똑똑히 확인한 퇴임식은 나에게는 평생 잊지 못할 감동적인 순간으로 남았다.

이따금 시간 날 때 아이들과 선생님들이 써준 감사 편지와 감사 족자를 읽어본다. 1년도 안 지났는데 벌써 아름다운 추억으로 남은 기분이다. 내가 글을 읽을 수 있는 날까지 두고두고 꺼내어 읽어볼 것이다. 그때마다 참 행복할 것 같다. 감사로 감동적이었던 정년 퇴임식을 잊을 수가 없다. 이 글을 쓰면서 모든 교직원 여러분과 가족에게 감사의 마음을 다시 한 번 전하고 싶다.

인성교육의 핵심 감사!, 누구에게나 행복을 주는 감사!

옛날에는 학교교육에서 학력신장을 많이 강조했다. 요즘 가장 강조하고 있는 것은 인성교육이다. 아이들을 훌륭한 인격을 갖춘 사람으로 키우는 데 목적을 두고 있다. 인성교육이 강조되고 있는 이유는 여러 가지 사회적인 변화에 따라 학교폭력이나 다양한 사건 사고들이 많이 일어나고 있기 때문이다. 4차 산업혁명시대, 인공지능 시대에는 특히 더 인성교육이 강조되어야 한다. 서로 협동하고 배려하고 감사하며 소통하는 융통성 있는 인간을 육성해야 하는 것이다.

학교에서 41년 동안 근무하면서 아이들의 학교생활을 행복하게 만드는 다양한 인성교육 프로그램에 관심을 가지게 되었다. 이 시대의 아이들에게는 따뜻한 마음과 감사하는 마음을 심어주는 인성교육이 가장 중요하다고 생각한다.

인성교육의 덕목에는 여러 가지가 있다. 정직, 배려, 협동, 봉사, 칭찬, 감사……. 그중에서 내가 실천하고 가장 성과를 얻은 덕목은 바로 '감사'다. 기본적으로 아이들의 마음에 '감사'라는 마음이 들어 있으면 공격적이거나 부정적인 생각이 줄어든다. 긍정의 생각으로 주변의 여러 가지 여건이나 상황에 감사하게 된다.

행복은 어디에서 온다고 생각하는가?

《탈무드》에는 "세상에서 가장 강한 사람은 자기를 이기는 사람이고,

가장 부유한 사람은 만족할 줄 아는 사람이며, 가장 지혜로운 사람은 배우는 사람이고, 가장 행복한 사람은 감사하며 사는 사람이다."라고 되어 있다. 즉, 행복은 나 자신의 감사하는 마음에서 온다는 것이다. 본인이 어떤 생각을 하는지 어떤 마음을 갖고 생활하는지에 따라 행복은 다가오기도 하고 멀어지기도 한다.

행복은 멀리 있는 것이 아니라 바로 자기 안에 있다. 뇌 과학자들은 행복을 느끼는 뇌세포 바로 옆에 감사를 느끼는 뇌세포가 있다고 한다.

결국 감사란 행복과 연결되어 있는 것이다.

감사 나눔 교육을 통해 얻은 효과를 몇 가지로 정리한다.

첫째: 친구관계 개선과 학교폭력 예방

감사 교육으로 인하여 아이들은 친구나 부모님, 선생님에게 감사하는 마음을 갖게 되었다. 감사의 마음을 표현하는 습관도 생기게 되었다. 친구끼리 서로 좋은 점을 찾고 감사함을 찾으면서 친구관계가 좋아졌다. 나아가 학교폭력 예방에 많은 도움이 되었다.

둘째: 글쓰기 실력 향상

감사 노트 쓰기를 통해 하루 1감사, 3감사를 쓰면서 아이들의 글쓰기 능력이 향상 되었다. 처음에는 한두 가지 감사 글을 쓰다가 1년, 2년이 지나면서 감사 글은 다양해지고 풍성해졌다. 감사 글 쓰는 수준이 몰라보게 향상되었다. 또한 감사한 것을 찾고 쓰게 되면서 사고의 폭도 넓어졌다.

셋째: 나와 타인의 행복

감사는 행복의 씨앗이다. 감사한 마음은 행복한 마음으로 자라난다.

불편한 마음을 갖고 있다가도 감사한 마음으로 생각을 바꾸면 금방 마음이 편해지고 행복해진다. 교육 공동체 대부분이 체험을 통해 이것을 느꼈다. 감사로써 자신이 행복해지고 가족도 함께 행복해졌다는 이야기를 많이 나누어주었다.

자신의 행복과 가족의 행복을 꿈꾸는 이들에게 이 책이 조금이라도 도움이 된다면 정말 보람 있고 기쁠 것이다. 이 책을 읽는 모든 이들에게 행복의 씨앗인 감사가 널리 퍼지기를 소망한다. 행복이 꽃피기를 간절히 기도한다.

추천의 글

먼저 읽고
느끼고
공감하다
그리고
적극 추천하다

감사교육 실천자료로
가정과 학교에 매우 유익

고영규(서울 문현초등학교 교장)

초등학교경영에서 감사교육을 몸소 실천해 오신 성금자 교장님께서 그간의 감사교육 사례를 모아 책을 발간했습니다. 교육자, 학부모 등 교육에 관심있는 사람은 누구나 왜 감사교육을 해야 하는지?, 감사교육을 어떻게 실천할 것인지?, 감사교육을 했을 때 어떠한 변화가 일어나는지? 등에 대해 궁금할 것입니다. 이 책은 이에 대한 해답을 구체적으로 쉽게 보여주고 있어서 가정과 학교에서 감사교육을 실천하는데 매우 유익한 자료가 될 것입니다.

한줄기 빛이
되어줄 것이라 믿으며

김경자 (서울 자양초등학교 학부모회장)

어느 날 감사를 제대로 알게 되었습니다. 자양초 성금자 교장선생님 덕분이었습니다. 4년간 학부모로서 자녀와 함께 학교에서 실시하는 감사 교육에 동참하면서 저희 가정에 행복이 찾아왔습니다. 이런 좋은 생각을 책으로 펴내신 것을 진심으로 환영하며 감사드립니다.

이 책으로 인하여 더 많은 아이들과 학부모님들, 그리고 그 가정에 감사의 결실인 행복이라는 열매가 맺으리라 생각합니다. 점점 힘들고 어려워가는 세상에 이 책이 한줄기 빛이 되어줄 것이라 믿으며 많은 학부모님들에게 적극 추천합니다.

감사로 행복을 알게 해주신 교장선생님! 감사하고 사랑합니다.

감사하는 생활은
긍정의 에너지를 만들어내며

김선자 (서울 천일초등학교 교장)

성금자 교장선생님을 처음 뵌 것은 CR리더십 퍼실리테이터 자격연수 자리였습니다. 정년이 얼마 남지 않은 겨울방학에 공부에 전념하시는 모습이 참으로 존경스러웠습니다. 그런데 더욱 놀라웠던 것은 학교를 경영하시면서 감사교육을 통한 인성 교육에 남다른 성과를 거두셨다는 점이었습니다. 요즘처럼 가족 해체로 여러 가지 사회문제가 야기되고, 가정에서 밥상머리 교육조차 찾아보기 힘든 시대에 반가운 소식이었습니다.

그동안 몸소 실천하신 감사교육이 책으로 엮어져 나온다니 고마운 일이 아닐 수 없습니다. 아인슈타인은 성공 비결을 '감사하는 삶'에 있었다고 고백하며, 행복이란 '현재에 있는 즐거움을 발견하고, 과거의 고마움을 기억하며, 다가올 미래에 있을 기쁨을 기대하는 것'이라고 했습니다. 이렇듯 감사하는 생활은 긍정 에너지를 만들어내며 삶을 더욱 풍요롭게 합니다. 이 책을 통해 학생과 선생님, 학부모에 이르기까지 행복한 삶을 가꾸어가는 데 도움이 되기를 기대합니다.

추천의 글

자녀와 행복한 대화로 소통하기를
원하시는 분들께 추천

박창규(리더십 코칭센터 대표 대한 민국 마스터 코치 1회)

전문코치이면서 오랜 교육자로서 체험한 사례를 담아 정리한 이 책은 미사여구 없는 실질적인 내용이라는 느낌이다. 읽다보면 은연 중에 실천으로 이어질 것 같은 기분이 든다.

인성교육의 일환인 감사나눔 교육운영으로 교사, 학부모, 학생들이 함께 행복한 학교로 만들어간 다양한 방법과 사례가 실려 있다.

또한 코칭교육을 통하여 학부모님들이 자녀들과 행복한 대화를 할 수 있도록 교육하여 많은 변화를 이끌어 낸 사례들이 고스란히 담겨 있다. 이 책을 통해서 누구나 이 사례의 주인공이 될 수 있을 것이다.

아이들의 올바른 인성교육을 지도 하시는 교육관계 모든 선생님들과 또 자녀와 행복한 대화로 소통하기를 원하시는 전국의 학부님들께 이 책을 꼭 추천하고 싶다.

감사교육이야말로
인성교육

변명희 (서울 원묵초등학교 교장)

평소 성금자 교장님은 항상 밝고 긍정의 에너지가 넘치는 분이십니다. '어디서 이러한 에너지가 나오는 것일까 참 대단한 분이다'라고 생각했는데…… 그 비결이 감사하는 생활에 있다는 것을 알게 되었습니다. 평생 교단에서 실천하신 감사 나눔 교육의 열매를 보게 되어 기쁩니다. 제4차 산업혁명 시대를 이끌 미래인재 교육을 논하지만, 진정한 인재는 타인을 배려하고 감사할 줄 알며, 공감과 협력으로 더불어 살아가는 사람이 인재일 것입니다.

감사교육이야말로 가정과 학교, 나아가 우리 사회 전반에 널리 확산되어야 할 인성교육임을 일깨워 주신 성금자 교장님께 감사의 마음을 전합니다.

감사나눔을 실천하는
모습은 최고의 감동

송미희(시흥시의회 의원)

감사하고 사랑합니다.

성금자 교장선생님의 아름다운 감사꽃이 활짝 피어나 세상을 환하게 비추는 밝은 에너지가 되심을 진심을 다해 축하드리며 깊은 존경과 감사의 마음을 전합니다.

2015년 봄날에 자양초 교사들과 학부모님들의 마음밭에 뿌린 소중한 감사씨앗이 그 해 가을 감사축제로 이어지고 '감사나눔으로 행복한 학교'로 슬로건이 바뀌고 학생, 교사, 학부모님들이 혼연일체가 되어 감사나눔을 실천하는 모습은 최고의 감동이었습니다.

성금자 교장선생님의 열정과 감사실천이 있었기에 가능한 일이었고, 나 혼자만이 아닌 모두가 함께할 수 있게 한 감사의 힘이 원천이 되었습니다. 존경하고 감사합니다.

인성교육을 위한
훌륭한 자료로 추천

신동구 (전 포항지곡초등학교 교장)

성금자 교장선생님의 열정으로 감사 · 나눔 교육 실천 의지를 학생, 교사, 학부모님과 공감대를 형성하고, 실천한 내용이 책으로 나왔습니다. 학교에서의 감사교육이 가정과 연계하여 가족과 함께하는 감사노트, 100감사 쓰기 등등으로 사랑이 넘치는 행복한 가정으로 이끌었습니다.

또 교육공동체가 함께하는 감사 · 나눔 교육 활동으로 학생 상호간은 물론이고 학생, 교사, 학부모 모두에게 믿음과 존경과 신뢰를 구축하여 사랑과 행복이 넘치는 행복한 학교를 만들었습니다. 그런 혼이 담겨있는 "감사 · 나눔의" 결실을 보는 영광이 추천사를 통해서 제게 왔습니다. 그동안 실천하신 소중한 자료를 책으로 제공해 주심에 감사드리고, 확실하고 올바른 인성교육을 위한 훌륭한 인성교육 자료로 본 교재를 추천하는 바이며, 그동안 인성교육을 위하여 감사 · 나눔 교육을 꾸준히 실천하여 주신 데 깊은 감사를 드립니다.

자신감을 높여주고
긍정에너지로 언어습관을 개선

안남섭 코치 ((사)한국코칭심리협회회장, (사)미래준비이사장)

성금자 코치님은 8년간의 교장선생님 재직 시절 존재사랑 코칭파워를 스스로 체험하며 전문코치가되어 인성교육이 필요한 학교교육 현장의 변화를 위해 감사 나눔 교육과 코칭을 접목한 구체적인 접근 방법으로 학생 교사 학부모를 대상으로 다양한 프로그램을 운영하여 오셨습니다.

학생들의 존재를 있는 그대로 사랑해주며 자신감을 높여주고 긍정에너지로 언어습관을 개선하며 학생들 스스로 행복하고 소통이 원활한 존재로서 잘 성장할 수 있도록 도와 학교현장이나 가정에서 성과가 입증된 구체적인 다양한 사례를 이 책에 담아 학교와 가정에서 누구나 쉽게 적용해 볼 수 있는 인성교육 지침서로서 이 책을 적극 추천합니다.

삶이 힘들지만
행복의 대열에 동참하는
분들에게 추천

오숙경 (서울양남초등학교 교감)

감사의 가치를 진정하게 깨닫게 된 것은 성금자 교장선생님 덕분이다. 성금자 교장선생님께서 '감사 나눔' 교육을 한창 펼치시던 2015년~2017년까지 3년간 자양초에서 교감으로 같이 근무하면서 많은 것을 배웠다. 매일 감사노트 글쓰기의 실천, 적극적인 감사의 표현으로 소통하게 한 점, 매사 긍정적인 시각으로 바라볼 수 있게 한 점, 학생들 하나하나, 사람들 하나하나가 나와 다름을 이해하고 배려하는 사람으로 거듭나게 한 점 등 이루 헤아릴 수 없이 많다.

나는 지금 행복하다. 실제 생활에서 내가 이런 감사나눔을 실천해본 결과라고 생각한다. 나뿐만 아니라 '감사나눔' 교육을 받고 실천한 많은 학부모들께서도 자신들의 삶이 만족할 줄 아는 행복한 삶으로 바뀌었음을 말씀해 주시곤 했다. 사는 게 힘들어 감사할 게 없다고 생각되거나, 불만스럽고 다른 사람과 비교되어 속상한 사람들도 이 책을 읽고 감사나눔을 실천해 본다면 행복의 대열에 동참할 수 있을 것이라는 확신이 들어 이 책을 추천하고 싶다.

수많은 후배들과 다른 사람의 행복을 위해 이 지침서를 펴내시고 현장에서는 '감사나눔' 교육 역사의 한 페이지를 멋지게 장식해 주신 훌륭한 실천가이신 교장선생님께 머리 숙여 감사드린다.

" 교장선생님, 감사합니다~!"

가족의 행복을 위한 감사 나눔의
방법을 사례를 통해 제시

오세만 (서울 자양초등학교 운영위원장)

지금까지 수많은 학부모님들은 우리 아이들이 어떻게 하면 남들보다 더 좋은 삶을 살 수 있을까? 하면서 항상 남들과의 경쟁에서 이기는 방법만을 가르친 경우가 많았습니다. 자녀의 행복을 위한다는 생각이었지만 정확한 방법을 몰라서였던 것 같습니다. 학교운영위원장으로서 학교운영에 직접 참여하면서 중요한 것을 배웠습니다. 바로 '감사나눔'입니다. 현장에서 실제로 이루어진 내용들로 씌여진 이 책을 통해 자녀의 행복을 추구하는 많은 학부모님들에게 좋은 방향 제시가 될 것이라 여겨져 적극 추천합니다.

이 책을 보고 이해한다면 우리 자녀들과 가족들이 서로 감사하는 좋은 관계로 사랑이 가득한 분위기에서 자랄 수 있을 것입니다.

항상 한결같은 마음으로 우리 아이들을 사랑해주신 성금자 교장 선생님께 감사드립니다.

추천의 글

예민한 어린 새싹들에게,
행복의 길로 가기 원하는 모든이에게 추천

이순희(서울양성평등교육진흥원 외래교수)

평소에 성금자 교장 선생님의 성품을 알아왔기에 주위의 모든 분들이 얼마나 진지하게 교육에 대한 고민과 결정을 하며 교장 선생님에게 응원을 보내 왔는지 마음으로 느껴집니다.

교장선생님으로서 교육에 대한 사명으로 감사 나눔 교육을 헌신적으로 노력하여 많은 학생들이 감사하며 행복의 길로 올바르게 설 수 있었던 현실에 감사합니다. 실전 교육에서의 생생한 효과를 체감하며 보다 많은 학생들과 학부모를 통해서 느낄 수가 있었습니다. 감성이 가장 예민한 어린 새싹들에게 감사 나눔으로 교육의 가치를 한층 더 높일 수 있기에 미래의 새싹들에게 꼭 권해 주고 싶은 책입니다. 성금자 교장 선생님 수고 많으셨습니다.

쉽게 활용 가능한 생생히 살아있는
'감사 교육 지침서'

이효숙(전 자양초등학교 보건교사)

누구나 행복하고 싶지만 생각뿐, 무엇을?, 어떻게?, 어느 세월에? 이 책을 펴신다면 행복의 문 앞까지는 도착했다고 할 수 있습니다. 아주 쉽게 실천해 볼 수 있는 행복 접근법이라는 생각이 들기 때문입니다. 글 솜씨가 없다고 늘 말씀하시더니 이번에 내 놓으신 훌륭한 글들을 보고 깜짝 놀랐습니다. 순수하게 있는 그대로를 더함도 덜함도 없이, 솜씨가 아닌 마음으로 쓴 책이라는 느낌입니다.

저는 보건교사로서 저자와 4년간 함께 하면서 교육 현장에서 생생하게 감사를 체험했습니다. 학교에 등교는 하지만 교실에 있을 수 없던 다양한 사연의 아이들과 보건실에서 함께 지냈습니다. 학교 부적응으로 고생하는 아이들과 그 부모님들, 우울증을 앓던 아이, 교실에서 반항하고 소리 지르던 아이, 자녀에게 폭력을 행사하던 부모님들까지도 감사를 만나고 달라졌습니다. 감사하다는 생각이 들게 하는 것만으로도 그 순간의 거친 호흡이 바뀌고 행동이 변함을 경험했습니다.

추천의 글

이 책은 감사 나눔을 어떻게 진행해 왔는지, 학교에서 또 개인적으로 실제 해온 그대로를 적었기에 누구나 쉽게 활용 가능한 생생히 살아있는 '감사 교육 지침서'입니다. 전체 학교 차원이 아니더라도 소수의 몇몇 아이들에게만, 또는 우리 학급 아이들에게만 이라도 실천해 보실 수 있을 것입니다.

서로 존중하고 배려하는 직장 분위기를 원할 때, 사랑이 넘치는 가정이 소망이라면, 또 일상의 삶이 불만스럽고 우울한 개인에게도 이 책은 큰 도움을 줄 것입니다. 교육현장에서 몸소 실천하시고 그 결실을 더 많은 사람들을 위해 나누고자하시는 저자 성금자 교장선생님께 깊은 존경을 표합니다.

인성교육의 필요를 위해
감사 나눔의 소중한 자료를 공유

제갈 정웅(감사나눔연구소 이사장, 전 대림대학교 총장)

성금자 교장선생님은 현직에 계실 때 남다른 열정으로 학생들의 인성교육에 애정을 기울이셨습니다. 그리고 학생들의 인성교육은 선생님뿐만 아니라 학부모님들의 도움이 절대적으로 필요하다는 것을 아시고 감사 나눔을 학부모님들께도 전파하셨습니다. 그뿐만 아니라 본인이 앞장 서서 실천하시는 모범을 보이셨습니다. 현직에 계실 때 경험하신 소중한 자료들을 널리 공유하고 싶으셔서 이번에 출판하게 되었습니다. 앞으로 감사나눔을 교육하는 현장에서 많은 도움이 될 것을 확신하며 일독을 권합니다. 감사합니다

감사 실천이야말로
인성교육의 확실한 도구

최용균 (비전경영연구소 소장)

　행복한 학생, 학부모, 교사들을 만들기 위해 학교 현장에서 감사를 실천하도록 애쓰신 성금자 교장 선생님의 책을 읽으며 대한민국이 더 행복한 나라가 되려면 한 사람이라도 감사를 표현하는 사람들을 만들어야 한다는 말씀에 나도 깊은 공감을 하게 된다. 감사 실천이야말로 인성교육의 확실한 도구임을 일찍 아시고 학생과 학부모가 같이 행복한 가정과 행복한 학교를 만드셨던 사례를 바탕으로 이제는 더 많은 사람들에게 행복을 전해주시고자 몸소 실천하신 사례를 중심으로 글을 쓰셨기 때문에 더 강력한 메시지로 다가온다. 행복한 삶을 살고자 하는 분들과 남들에게 행복하게 살도록 돕고자 하는 분들에게 일독을 권한다.

변화를 만들어가는 방법과
그 과정에서의 진솔한 이야기

최현국 (서울상담심리연구소 소장)

부모와 교사가 변해야 아이들이 좀 더 자유롭고 행복해질 수 있다. 저자는 교육 현장에서의 경험과 코치로서의 지혜를 바탕으로 교장으로 재직하는 기간 동안 부모와 교사의 변화를 이끌어 왔다. 이 책은 그러한 노력과 경험을 통해 교사, 학부모, 교육 담당자들에게 변화를 만들어가는 방법과 그 과정에서의 진솔한 이야기를 들려준다. 지시나 충고, 조언을 가급적 하지 않으면서 학생 스스로 생각하고 명료화해서 앞으로 나아가는 방법에 대한 지혜를 알려준다.

추천의 글

인생 디자인에 있어서
필수 지침서로도 크게 활용

한만정(인생디자인학교 교장)

성금자 저자와의 2018년 새해 '비전선포' 프로그램에서 만난 느낌은 겸손과 감사였습니다. '감사 나눔 경영'으로 긍정과 성장의 마인드를 교내학생들과 타 학교에 까지 지속적인 프로그램을 진행하며 많은 변화를 만들어 내고 계신 점에 놀랍고 존경하게 되었습니다. 산업발달로 인해 사회는 점점 다양한 '중독'에 빠져 개인과 사회에 만족보다 불만족이 커 정신건강이 우려가 되고 있습니다. 개인의 감정조절과 올바른 습관으로 인해 성장으로 행복지수를 높이는 교육이 나오길 구상하던 중 실제로 수년간 경영을 해 오신 성금자 교장선생님께서 '감사나눔 경영'에 관한 책을 출간하신다니 더없이 기쁘고 사회교육 우수도서로도 추천하고 싶습니다.

인생 디자인에 있어서 감사 중독은 필수이므로 지침서로도 크게 활용 될 것입니다

현장의 생생한 감사나눔을
세상에 나눠주셔서 감사

호영미 (행복나눔 125 교육위원)

교장선생님과 인연이 된 것은 2016년 가을입니다. 감사 나눔 교육을 특색사업으로 운영하는 자양초등학교에 감사교육을 하게 되었습니다. 교장선생님께서 1년 동안 아이들과 감사를 실천하시는 모습을 현장에서 볼 수 있었고, 매년 가을엔 감사 나눔 축제를 열어 아이들의 다양한 작품과 1년 동안 쓴 감사일기전시를 통해 부모님과 마을에 나누고, 졸업식에는 100감사 족자를 써서 부모님께 읽어드리는 감동 졸업식도 보았습니다.

아이들에게 필요한 것이 무엇인지 고민하시는 교장선생님을 만나 감사합니다. 이 책은 감사교육현장에 그리고 선생님과 아이들에게 긍정의 언어 습관과 친구관계개선, 학교폭력예방에 나침판이 될 것입니다. 현장의 생생한 감사나눔을 세상에 나눠주셔서 감사합니다.

진로코칭으로 꿈을 찾아주고
독서코칭을 통해 학부모 교육을

황현호 (국제코치훈련원 원장, 한국 부부행복 코칭 센터 소장)

학부모들을 대상으로 코칭교육연수를 하신다면서 강사로 와줄 수 있겠냐는 부탁을 받고 성금자 교장선생님이 근무하시는 학교에 갔다. 강의 전 짧은 대화에서 학생들부터 시작하여 학부모, 교사들까지 코칭을 경험하게 해주고 싶어 하시는 교장선생님의 코칭에 대한 열의에 놀랐다. 강의장으로 들어서는 길목에서 나는 또 한 번 깜짝 놀랐다. 입구 양쪽에 학생들이 기록한 감사일기며 감사와 관련한 글과 그림들이 빼곡히 전시되어 있었다. 학교의 CEO인 교장선생님이 학생간부들에게는 진로코칭을 통하여 꿈을 찾아주고, 학부모들에게는 독서코칭을 통해 스스로 자녀교육을 배워가게 하시며 감사로 학교를 운영하시는 교장선생님의 스토리가 이 책 속에 녹아 있다. 전국의 학부모와 교사분들께 강력 추천한다.